ИССЛЕДОВАНИЕ СОВРЕМЕННЫХ РУССКОЯЗЫЧНЫХ КОРЕЙЦЕВ 15

Территория принудительной миграции : Узбекистан

Хан Валерий Сергеевич

Кандидат философских наук
Ташкентский государственный педагогический университет им. Низами
Заведующий кафедрой общественных наук

ИССЛЕДОВАНИЕ СОВРЕМЕННЫХ РУССКОЯЗЫЧНЫХ КОРЕЙЦЕВ 15

Территория принудительной миграции: Узбекистан

First published 2022. 2. 18.

First paperback edition 2022. 2. 25.

Author	Хан Валерий Сергеевич
Publisher	Yoon Gwanbaek
Publishing House	도서출판 선인
Business registration number	# 5-77 (1998.11.4)
Address	1, Nambusunhwan-ro 48-gil, Yangcheon-gu, Seoul, Republic of Korea
Phone	+82-2-718-6252/6257
Fax	+82-2-718-6253
E-mail	sunin72@chol.com

₩ 37,000

ISBN 979-11-6068-691-3 94900
ISBN 979-11-6068-676-0 (set number)

This work was supported by the Program for studies of Koreans abroad through the Ministry of Education of the Republic of Korea and Korean Studies Promotion Service of the Academy of Korean Studies (AKS-2016-SRK-1230003)

Корейский институт международных отношений университета Донгук Исследовательские книг 22
Центр исследований человека и будущего университета Донгук Исследовательские книг 20

ИССЛЕДОВАНИЕ СОВРЕМЕННЫХ РУССКОЯЗЫЧНЫХ КОРЕЙЦЕВ 15

Территория принудительной миграции : Узбекистан

Хан Валерий Сергеевич

 도서출판 선인

Предисловие

Настоящее исследование – результат трёхлетней работы, проведённой при поддержке Академии корееведения, в 2016 г. утвердившей данный проект в рамках секции «Планирование исследований в отдельных областях корееведения. Исследования зарубежных корейцев». В данной работе была предпринята попытка всесторонне рассмотреть, где и как живут корейцы России и стран Центральной Азии.

Более 160 лет назад корейцы, спасаясь от бедности и произвола местных чиновников, стали переселяться в приморские области России, переходя через реку Туманган (Туманная). Ныне живущие корёины (корё-сарам) – потомки этих переселенцев в четвёртом, пятом и даже шестом и седьмом поколениях. Первыми через Туманган переправились всего 13 дворов, чуть больше сорока человек, сейчас же диаспора корёинов насчитывает более 500 тысяч человек.

Сообщество корёинов, сформировавшее собственную идентичность как граждан Советского Союза, после распада СССР столкнулось с масштабным кризисом, когда страна оказалась разделена на 15 государств, а бывшие граждане СССР стали гражданами России, Казахстана, Узбекистана и так далее. Условия жизни в процессе перехода от социалистического общественного уклада к капиталистическому значительно изменились. Корёинам необходимо было приспособиться к новым реалиям независимых государств и изменившегося общества. Распад СССР породил масштабную этническую миграцию. Корёины оставляли позади колхозы и городские предприятия, с которыми привыкли себя ассоциировать, и отправлялись на поиски новой жизни.

Это было тяжёлое для всех время. Россия, страна-приемник распавшегося Советского Союза, вскоре объявила технический дефолт, российская экономика оказалась в затяжной рецессии. В независимых странах Центральной Азии начала подниматься волна национализма. Это время особенно тяжелым стало для корёинов, которые не были исконными жителями этих земель. Холодная война закончилась, но её влияние всё ещё ощущалось, поэтому рассчитывать на достаточную помощь от исторической родины также не приходилось.

Но перемены и трудности могут открывать и новые возможности. К тому же у корёинов был опыт принудительного переселения, тягости которого они смогли с достоинством преодолеть. С течением времени корёины постепенно стали находить своё место в России и странах Центральной Азии, начали проявлять себя во всех сферах общественной жизни. Они смогли войти в политические круги и занять официальные посты, приспособиться к капиталистической системе и показать впечатляющие экономические результаты силами собственных навыков и умений. Больших успехов достигли корёины и в сферах культуры и искусства, среди них появились выдающиеся олимпийские чемпионы, призёры кубков мира. Как и во времена Советского Союза, появлялись среди корёинов и уважаемые в академическом сообществе учёные. Эти люди создавали многочисленные ассоциации, общества сохранения национальной культуры и смогли утвердить новую идентичность корёинов как одного из этнических меньшинств России и стран Центральной Азии.

Данная серия научных работ является результатом исследования, посвящённого выдающимся корёинам современной России и стран Центральной Азии. Исследование отвечает на вопросы, кем являются эти люди, возглавляющие национальную диаспору корёинов, где и в каких сферах они активны, какое будущее ждёт корёинов.

Для всестороннего изучения современного положения корёинов это сообщество было разделено на географические и поколенческие группы со своими характерными признаками.

Географически корёины были разделены на 8 основных групп:

Пристанище для уехавших из Центральной Азии:
Сибирь;

В поисках новой жизни: Юг России;

Место принудительной мобилизации: Сахалин;

Принудительное переселение (1): Казахстан;

Принудительное переселение (2): Узбекистан;

Вновь переселившиеся: корёины Республики Корея, Европы и Америки.

Поколенчески корёины были разделены на следующие 3 категории:

- ушедшие на покой старейшины: старшее поколение;

- активные деятели: среднее поколение;

- будущее корёинов: подрастающее поколение.

Используя указанную выше классификацию, мы разделили результаты трёхлетнего исследования на 8 частей, по одной на каждый географический регион. Из них 7 частей были написаны в России и были переведены на корейский язык для корейских исследователей и организаций, интересующихся историей корёинов.

Все 8 частей исследования, насколько это возможно, придерживаются единой методологии и структуры изложения; однако, несмотря на общую форму, у каждой части есть свои особенности, связанные с различиями в описываемых регионах и территориальном распределении корёинов, характере изложения материала конкретными исследовательскими группами.

Целью проектной группы было с помощью данной серии

научных работ установить более точное понимание идентичности корёинов, внести вклад в улучшение взаимопонимания между корейцами Республики Корея и корёинами, в развитие связей между Кореей и Россией, странами Центральной Азии. Именно поэтому целью проекта стали изучение, классификация и описание различных сторон жизни корёинов.

При реализации поставленных задач участники проекта столкнулись с трудностями, связанными с неоднородностью групп корёинов, расселённых в разных географических регионах с различным историко-культурным, политическим и экономическим контекстом, и постоянно находящихся в движении.

Несмотря на эти трудности, основные задачи проекта были успешно выполнены. Ответственность за возможные недочёты публикации данной серии исследований – неполноту содержания, неточности материалов и ошибки при переводе – лежит на исследовательской группе и особенно на руководителе группы. Авторский коллектив будет благодарен за критические замечания.

Руководитель исследовательского проекта.

Февраль 2022 г.
Руководитель исследования

Содержание

|Часть 2|
Корейцы Узбекистана
: на рубеже XX - XXI веков

|Часть 3|
Корейцы в постсоветском Узбекистане : новое поколение

Часть 1

Корейцы советского Узбекистана : время и люди

Введение

Ярким, но еще малоизученным феноменом истории корейских диаспор являются выдающиеся достижения советских корейцев, в том числе узбекистанских. Известно, что в результате насильственного переселения 1937 года корейцы были ограничены в своих правах. Корейцы не являлись коренными народами Средней Азии; мало того, они относились к недавно прибывшим мигрантам, незнакомым большинству населения среднеазиатского региона. Большинство из них были крестьяне. Если учесть сталинскую политику в отношении корейцев и их статус «непривилегированного» этнического меньшинства в СССР, феномен столь значительных достижений, несмотря на все препятствия, становится особенно удивительным и не может не вызывать восхищения. Ни одна из корейских диаспор в мире (например, Японии, Китая, США, Канады и других стран) не смогла достигнуть такого высокого статуса в социальной иерархии своих стран, как это сделали корё сарам в Средней Азии.

Среди советских корейцев Узбекистана были:

- члены правительств (министры и зам. министров), депутаты законодательных органов власти (Верховных Советов СССР и Узбекской ССР), руководители партийных органов;

- члены национальных Академий наук, руководители учебных и научных подразделений (ректоры и проректоры, деканы и зам. деканов, зав. кафедрами вузов; директора и зам. директоров, начальники отделов и секторов НИИ и НПО);

- руководители крупных промышленных и сельскохозяйственных предприятий;

- известные спортсмены (призеры чемпионатов мира и Европы, победители различных международных турниров, чемпионы чемпионатов СССР и Узбекистана, старшие тренеры сборных команд, руководители ассоциаций по различным видам спорта);

- известные, получившие международное признание писатели, композиторы, художники, артисты эстрады, оперы и балета и т. д.

Такое стало возможным благодаря советской национальной политике в пост-сталинский период, трудолюбию самих корейцев и благожелательному отношению к ним населения Узбекистана.

Глава 1

Корейцы на земле Узбекистана: первые переселенцы (конец XIX в. - 1936 г.)

Переселение корейцев в Центральную Азию до массового выселения 1937 года было крайне незначительным. Тем не менее, оно имело место и проходило три этапа.

Первый этап, охватывающий вторую половину XIX века, был связан со стихийным расселением корейцев в рамках царской России. В основном корейцы, мигрировавшие в Россию, оседали на Дальнем Востоке. Однако незначительное количество корейцев всё же оказалось за пределами Дальнего Востока, в том числе и в Средней Азии – Степном крае и Туркестане.

Пребывание корейцев на территориях современного Узбекистана (Казахстана и Кыргызстана) зафиксировано первой Всеобщей переписью населения Российской империи 1897 года. Они проживали в Ферганской области: в Кокандском и Наманганском уездах, а также в г. Намангане – по 1 мужчине; в Семиреченской области: в Верненском уезде – 3 мужчин и 2 женщины, в Джаркентском уезде – 1 мужчина и 3 женщины, в г. Верном (ныне г. Алматы) и г. Джаркенте – по 1 мужчине; в Сыр-Дарьинской области: в г. Аулие-Ата (г. Жамбыл) и в Перовском уезде (ныне Кзыл-Ординская область) – по 1 мужчине, в Акмолинской области – 1 мужчина и 4 женщины, а также в г. Пишпеке (ныне г. Бишкек) и г. Пржевальск. Иначе говоря, на территории современного Узбекистана было зафиксировано 3 корейца.

Эти корейцы имели российское подданство.

Архивные документы говорят о занятиях корейцев в Средней Азии. В Степном крае они работали на поденных работах, а также торговали всякой мелочью, бумажными цветами, табачными изделиями и т. д.; были среди них парикмахеры, набивщики папирос и сигарет, кустари; корейцы также содержали прачечные.[1]

Второй этап переселения корейцев в Среднюю Азию

---

[1] Кан Г. В. Рассказы о родной истории. – Алматы, 2006. – С. 43.

связан с отношениями царской России и Японии, приведших к войне 1904-1905 годов. 16 сентября 1904 года вышел циркуляр МВД[2]; в нём говорилось, что есть «сведения, будто бы некоторые подкупленные Японией корейцы и переодетые в корейское платье японцы занимаются разведками <···> в местах расположения наших войск на Дальнем Востоке». По данному циркуляру в этом же месяце через границу Степного генерал-губернаторства во внутренние губернии России было переселено 5 китайцев, 35 японцев и 100 корейцев.[3]

После установления Советской власти количество корейцев в Средней Азии остаётся небольшим. 1-я Всесоюзная перепись населения 1926 года в этом ареале зафиксировала 87 корейцев: 36 человек – в Узбекской ССР, 42 человека – в Казахской АССР и 9 человек – в Киргизской АССР.

В эти же годы осуществляется первая попытка корейцев, проживавших в Средней Азии, создать свою организацию. В 1921 г. в наркомате по делам национальностей Туркестанской республики была создана корейская секция. А 26 августа 1924 г. в НКВД[4] Туркестана был зарегистрирован Союз корейцев Туркестанской республики, в который вошли

---

2) МВД – Министерство внутренних дел.

3) Кан Г. В. Предыстория корейцев в Казахстане // Известия корееведения Казахстана. 1996. Вып. 1. – С. 8-9.

4) НКВД - Народный комиссариат внутренних дел.

28 человек. При перерегистрации в феврале 1926 г. в списках Союза уже значилось 33 человек. Однако 29 сентября 1926 г. Союз корейцев был ликвидирован НКВД УзССР.[5]

Третий этап прибытия корейцев – рисоводов – в Среднюю Азию происходит в конце 1920-х годов, когда перед регионом была поставлена задача: к минимуму свести импорт риса и обеспечить потребности в нём Средней Азии и европейской части СССР. Нужно было решить, какие сорта риса и какой способ рисосеяния будут внедряться. По итогам испытания различных сортов был сделан вывод, что «впереди идут корейские, японские и приморские сорта», а также было решено остановиться на дальневосточном способе рисосеяния. В связи с этим по приглашению народного комиссара земледелия Казахстана в республику приехало 220 корейцев-рисоводов, организовавших «Корейскую сельскохозяйственную трудовую артель».[6]

В 1925 г. 15 человек приехали в Узбекистан и организовали сельхозартель «Ирсим». Осенью 1929 г. Народный комиссариат земледелия Узбекистана обратился во Владивостокское окружное земельное управление с просьбой переселить в Узбекистан 3-4 артели рисоробов в количестве 80-100 человек. Однако,

5) Ким В. Д. Правда – полвека спустя. – Ташкент, 1999. – С. 12-24.

6) Кан Г. В. История корейцев Казахстана. – Алматы, 1995. – С. 30-39.

ввиду сокращения плана внутриреспубликанского переселения и сокращения денежных средств, отпускаемых на переселение на 1930 год, узбекские власти отказались от приёма корейцеврисоводов.[7]

---

7) Пак Б. Д. Корейцы в Советской России (1917 – конец 30-х годов). – Иркутск, 1995. – С. 212.

Глава 2

Корейцы в советском Узбекистане (1937-1990 гг.)

1. Насильственное переселение 1937 г. и обустройство на новой родине

По архивным данным, в Узбекистан было выселено 16 307 семей (74 500 человек).

1) Статус корейских переселенцев

Официально корейцы считались административно выселенными. При расселении корейцев соблюдались следующие требования: запрещение вселения в приграничные районы, удаление от железной дороги и расселение компактными группами.[1]

---

[1] Кан Г. В. История корейцев Казахстана. – Алматы, 1995. – С. 116.

Несмотря на то, что корейцы были административно выселенными, постановление СНК[2] СССР от 8.01.1945 г. «О правовом положении спецпереселенцев», закрепившее принудительное трудовое устройство и ограничение спецпереселенцев на свободное передвижение, было распространено и на корейцев. Согласно приказу от 2 июля 1945 г., корейцы были взяты на учёт в качестве спецпереселенцев уже официально.

До 1941 г. корейцы не имели права проживать за пределами районов вселения. Если же кому-то разрешали выехать в другую область или район, местный отдел НКВД выдавал справку, в которой указывалось время пребывания в той или иной местности, а также предписание – явиться по прибытии в районное отделение НКВД. С 1941 г. корейцам разрешили проживать в пределах республики вселения, а с 1953 г., после смерти Сталина и XX съезда КПСС, по всей стране.

2) Организация корейских колхозов

В Узбекистане, по состоянию на 15 ноября 1938 г., было создано 48 самостоятельных корейских колхозов (5 301 хозяйств). 5 145 хозяйств были доприселены в 211 местных колхозов и совхозов. Они были расселены: в *Ташкентской*

---

2) СНК – Совет Народных Комиссаров.

области (6 667 хозяйств), в *Самаркандской области* (1 194 хозяйств), в *Ферганской области* (1,130 хозяйств); в *Хорезмской области* (846 хозяйств), в *Бухарской области* (16 хозяйств) и в *Каракалпакской* АССР (1 203 хозяйств).[3]

На апрель 1938 г. в Узбекистане находилось 11 корейских рыболовецких колхозов, объединивших 723 хозяйства.[4] После прибытия в Узбекистан ряд рыболовецких колхозов решил сменить профиль и перейти на устав сельскохозяйственной артели. Некоторые рыболовецкие колхозы объединились. К январю 1939 г. в Узбекистане осталось 4 рыболовецких колхоза: «Рыболовецкие промыслы» (40 семей), «Ленин-Яб» (37 семей), «имени Коминтерна» (170 семей) и «Дальневосточник» (68 семей).[5]

Численность и дислокация корейских колхозов менялись. Так, в октябре 1941 г. в Аккурганском районе Ташкентской области был организован новый корейский колхоз им. Юсупова.[6] В 1949 г. в этой же области были организованы новые колхозы с преимущественно корейским населением: «Путь Сталина», «Дальний Восток», «Победа», «Авангард» и другие.

---

3) Ким П. Г. Корейцы Республики Узбекистан. – Ташкент, 1993. – С. 170.

4) ЦГА РУз. Фонд 837, опись 32, дело 1230, л. 107.

5) Рахманкулова А. Х. Из истории корейских переселенческих колхозов в Узбекистане (на основе документов архивов Узбекистана) // Известия корееведения в Центральной Азии. Вып. 3. – Алматы, 2005. – С. 76-77.

6) ГАТО. Фонд 652, опись 1, дело 483, л. 18.

3) Организация жилищного строительства

Самой важной проблемой при расселении в новых местах была проблема жилья. К моменту приезда корейцев было подготовлено жилой площади только для 2 500 семей из 16 307.

Строительство постоянных домов требовало времени, а наступающие холода его не давали. Поэтому строительство постоянного жилья было отложено до весны 1938 г., и все силы были брошены на строительство временных жилищ (юрт, землянок, бараков) и переоборудование имеющихся помещений. Однако предоставление корейцам сносного жилья всё равно растянулось. В 1938 г. по Узбекистану только 3 356 корейских хозяйств были обеспечены жильем, а в 1939 г. - 4 918.[7] В Постановлении СНК УзССР и ЦК КП (б) Узбекистана от 3 сентября 1938 г. даны итоги почти годового пребывания корейцев в республике: «строительство жилых домов выполнено на 3,1%, школьное на 15,4%, культурно-бытовое строительство и бань не начато». Даже к весне 1940 г. жилищное строительство не было завершено.

Строительство в условиях аврала приводило к тому, что зачастую оно велось с нарушением технических норм. Построенные таким образом дома уже скоро разрушались.

---

7) Рахманкулова А. Х. Из истории корейских переселенческих колхозов в Узбекистане⋯ – С. 84.

Порой строительные материалы, техника и рабочая сила, предназначенные для корейского строительства, незаконно перебрасывались на другие объекты. Иногда строительные материалы для корейского строительства разворовывались, либо использовались не по назначению. Встречались случаи, когда лесоматериалы, предназначенные для строительства, оказывались непригодными (гнилыми).

Некоторая часть временных построек служила жильём для корейских переселенцев вплоть до конца 1940 г., когда было закончено строительство новых домов.

4) Медицинское обслуживание

Существующих медицинских пунктов в местах вселения корейцев катастрофически не хватало. Корейцев расселяли в юртах, клубах, сараях, фермах, конюшнях, складских помещениях, землянках, которые в осенне-зимний период не могли защитить людей от холода. Так, в колхозах «Утренняя звезда» и «Новый путь» Кокандского района корейцы были размещены в общежитиях и полуразрушенных домах заброшенного хутора, в которых не было ни потолков, ни окон, ни дверей, ни полов.[8]

Санитарная обработка во многих местах не проводилась. Так, в совхозе в Ферганской области корейцы были поселены

8) Ким П. Г. Корейцы Республики Узбекистан. – С. 41.

в кладовую, где хранились химические удобрения, и дети заболели от ядовитого запаха. А в Нижне-Чирчикском районе корейцев поселили в конюшню, даже не очистив её от навоза.[9]

Проживание было столь скученным, что доходило иногда от 0,5 до 2 м² жилой площади на человека. Так, на хлопковом заводе Джалял-Кудукского района 22 человека поселили в двухкомнатной квартире. Инспектор, обследовавший эту квартиру, пишет, что все спят на голом полу, и даже места, чтобы пройти между людьми, нет.[10]

Из-за плохого питания и антисанитарии среди переселенцев начались цинга, тиф, дифтерия, дизентерия, корь, малярия, бруцеллёз и другие заболевания. Число больных во многих корейских семьях достигало 40-50%. Так, в справке переселенческого отдела говорилось: «Во всех корейских колхозах имеется большое количество больных (понос, глазные заболевания, малярия). Медицинское обслуживание корейцев совершенно недостаточное и не удовлетворительное. <···> В некоторых колхозах имеются медицинские пункты, во главе которых находятся совершенно неквалифицированные медицинские сёстры.

Некоторые колхозы расположены от ближайшего медицинского учреждения на расстоянии 40-50 км. Они не

---

9) Ким В. Д. Правда – полвека спустя. – С. 73, 149.
10) Ким П. Г. Корейцы Республики Узбекистан. – С. 110.

обслуживаются медицинским персоналом, их объезды квалифицированными врачами не практикуется.

Отсутствует достаточное количество необходимых медикаментов, никакой санитарной просветительской работы в колхозах не проводится».[11]

В колхозах «Новая жизнь», «Трудовик», имени Будённого и совхозе № 10 был зарегистрирован 831 случай малярии. При обследовании колхозов Пастдаргомского района отмечается, что в результате малярии, поноса и кори в колхозе «Большевик» умерло 6 взрослых и 15 детей, в колхозе «Красный Октябрь» – 28 детей, в колхозе «Труженик» – 4 взрослых и 10 детей. За декабрь 1938 г. по трём районам (Нижнечирчикскому, Среднечирчикскому и Пастдаргомскому) было зарегистрирован 300 больных детей корью, из которых 80 умерли.[12] В 10 колхозах Беговатского района в августе 1938 г. 50% корейских переселенцев были больны.[13]

Одной из причин массовых заболеваний были антисанитарные условия, в которых жила часть переселенцев. В докладной записке по Пастдаргомскому району отмечается отсутствие продуктов питания, «кроме того положение с водой антисанитарное, вода несколько месяцев держится в хаузе, гниёт и заводится червь, за

---

11) Цит. по: Ким П. Г. Указ. соч. – С. 58.

12) Ким П. Г. Указ. соч. – С. 59-60; Ким В. Д. Указ. соч. – С. 114.

13) ЦГА РУз. Фонд 90, опись 2, дело 123, л. 9 об.

неимением другой воды колхозники вынуждены пить, благодаря чему происходит заболевание. Чистая вода имеется на расстоянии 4-5 км, но вывозить не на чем, нет транспорта».[14]

Для профилактики ряда заболеваний важное значение имели бани. Во многих пунктах расселения корейцев они отсутствовали. По данным на декабрь 1937 г. в Средне-Чирчикском районе действовало 5 бань, в Нижне-Чирчикском районе – 1, в Пастдаргомском районе – 3, в Гурленском районе – 6. Конечно, этого количества бань было не достаточно. Поэтому в районах расселения корейцев стали действовать передвижные бани.[15]

В течение октября-ноября 1937 г. для корейских переселенцев было организовано 65 больничных коек, 3 врачебных пункта и 9 фельдшерских пунктов.[16] В 1938 г. для корейских переселенцев было построено и введено в действие 5 больниц на 95 коек, 4 врачебных и 10 фельдшерских пунктов, куда на постоянную работу было направлено 10 врачей и 28 человек среднего медицинского персонала.[17] Но этого явно было недостаточно, чтобы обслужить более чем 70 000 человек.

---

14) Цит. по: Ким В. Д. Правда – полвека спустя. – С. 115.
15) Ким П. Г. Корейцы Республики Узбекистан. – С. 62.
16) ЦГА РУз. Фонд 837, опись 32, дело 593, л. 11.
17) ЦГА РУз. Фонд Р-837, опись 32, дело 1224, л. 22.

И, тем не менее, шаг за шагом корейское население охватывалось медицинским обслуживанием. В течение 1937 г. и первой половины 1938 г. среди корейского населения были проведены поголовная прививка против оспы; 2-3-кратная санитарная его обработка; хинизация в районах, неблагополучных по малярии; поголовные противодизентерийные прививки в районах с высоким уровнем заболевания дизентерией.

5) Оплата за сданное имущество в ДВК, предоставление продовольственных ссуд и кредитов

При переселении корейцы сдали государству скот, инвентарь, посевы, семенной фонд, постройки и т. п. Согласно постановлению о выселении корейцев, государство брало на себя обязательство «возместить переселяемым стоимость оставляемого ими движимого и недвижимого имущества и посевов». Однако реализация данного пункта постановления было выполнено не в полном объёме, и к тому же растянулось на годы.

Оказавшись с небольшими финансовыми средствами и продуктами, корейцы рассчитывали на компенсацию сданного урожая, скота и имущества сразу же по приезду в Среднюю Азию. Однако компенсация, частичная и только по зерну, началась с января 1938 г. Что касается скота, то по состоянию на 10 января 1938 г. ни один колхоз и ни один колхозник его не получил.[18]

Постановлением правительства СССР от 20.02.1938 г. предусматривалось не позднее 15 марта 1938 г. произвести полный расчёт с переселенцами за сданные ими посевы. Однако эти сроки выдержаны не были.

В первые месяцы переселения даже крупные руководители не знали о государственных обязательствах по компенсациям, а тем более об источниках их погашения. Так, председатель правительства Каракалпакской АССР с недоумением пишет председателю правительства Узбекистана: «Прибывшие в колхозы и кустарные промысловые артели предъявляют документы о том, что они на месте жительства сдали: рабочий скот, сельхозинвентарь, хлеб, зерно и другие посевы на корню, возврат которых им, якобы, должен быть обеспечен натурой с прибытием к новому месту поселения».[19]

Вопрос о компенсациях породил огромную переписку между корейскими колхозами и организациями различных уровней. Письма шли из Узбекистана в Москву, Дальний Восток и обратно в Среднюю Азию. Уставшие от волокиты власти стали рекомендовать корейцам обращаться в суд.

В результате значительная часть переселенцев получила обещанную компенсацию в виде денег или натурой. Так, по

---

18) Ким В. Д. Правда – полвека спустя. – С. 93.
19) Там же. – С. 37.

Узбекистану к декабрю 1938 г. корейцам был возвращён урожай в размере 80% урожай в размере 80%. Различные зерновые культуры были возвращены в объеме 91%. Скот возвращён в размере 73%.[20]

Однако хозяйства, которым выдали неправильно оформленные квитанции, компенсации вообще не получили. Переписка по вопросу о выдаче компенсаций продолжалась до середины 1941 г., то есть до начала Великой Отечественной войны. А с началом войны она полностью прекратилась.

Для переселенцев были предусмотрены продовольственные ссуды, которые стали выдаваться с января 1938 г. К июлю 1938 г. переселенцам было отпущено 2 997 тонн ссуды из запланированных 3 000 тонн, и сверх этого выдано нарядов на 2 383 тонн.[21] Но объём ссуды из расчёта на одну семью до августа и после августа 1938 г. изменился. Так, корейские хозяйства Андижанской области сначала получили ссуды из расчёта 8 центнеров на 1 семью.[22] В других хозяйствах выдавали по 2-3 центнера на семью. В августе 1938 г. была утверждена новая разнарядка. Размер ссуды зависел от размера семей и их положения, но не превышал 1 центнера на 1 семью.

20) Ким П. Г. Корейцы Республики Узбекистан. – С. 51.
21) Ким В. Д. Правда – полвека спустя. – С. 210.
22) ЦГА РУз. Фонд Р-90, опись 2, дело 123, л. 48.

Для хозяйственного устройства переселенцев правительство выделило безвозвратные кредиты. С сентября 1937 г. по январь 1940 г. на устройство корейцев было выдано кредита 19 137,6 тысяч рублей (на строительство жилья и флота, приобретение орудий, обводнение колхозов, рабочий скот и т. д.).[23]

Вначале ссуды и кредиты выдавались всем переселенцам. Однако некоторые корейцы стали писать в Москву о том, что семьи арестованных и осужденных тоже получают государственную помощь, и что они «против помощи семьям врагов социалистического строительства». После этого СНК УзССР приняло Постановление от 15 марта 1938 г., в котором запрещалось производить выдачу кредитов и продовольственной ссуды семьям, члены которых арестованы или осуждены, без специального разрешения СНК УзССР.

6) Трудоустройство и хозяйственная деятельность

Большинство корейских переселенцев было вовлечено в сельское хозяйство. В силу форсированного характера переселения и расселения, многие корейцы, занятые в

---

23) Рахманкулова А. Х. Документы Центрального Государственного архива Республики Узбекистан по истории депортации народов в Узбекистан в 1930-е годы (на примере корейцев) // Известия корееведения Казахстана. Вып. 8. – Алматы, 2001. – С. 83.

рыболовстве, добыче ископаемых, интеллектуально-технологической или других сферах, не смогли найти работу по специальности. Поэтому они стали уходить в колхозы и совхозы. Важной причиной было и то, что первые авансы в виде зерна в марте 1938 г. выдавались только колхозникам.[24]

Корейские колхозы освобождались от обязательных поставок зерновых культур, подсолнуха, картофеля, мясомолочной продукции, шерсти и масла, а также обязательной государственной закупки сои, овощей и льна на 2 года.

Поскольку переселение было произведено осенью, до весны следующего года корейцы не могли сеять. В Узбекистане для самостоятельных корейских колхозов сначала были отведены земли площадью 14 050 гектаров,[25] из них удобных к обработке и посевам весной 1938 г. – 7 823,6 га, остальная площадь подлежала освоению в последующие годы. А фактически в 1938 г. была освоена посевная площадь размером 10 488 га. Позже размер выделенной земли увеличился, всего корейским колхозам было отведено, включая приусадебные участки, 30 448 га земли, из них 29

---

24) Ким П. Г. О корейской диаспоре Узбекистана // «Известия корееведения Казахстана». Вып. 6, Алматы, 1999. – С. 48.

25) В дальнейшем – га.

879 га – под самостоятельные корейские колхозы.[26]

Обеспеченность корейских колхозов землёй была неравномерной. В Ташкентской области обеспеченность землёй на 1 колхозный двор колебалась от 2,29 до 7,44 га, в Ферганской области – от 1,98 до 6 га, в Самаркандской области – от 3,46 до 6,3 га, в Хорезмской области – от 2,04 до 5,27 га, в Каракалпакской АССР – от 4,53 до 8, 86 га.[27] Каждому колхозному двору также выделялся приусадебный участок в пределах от 0,16 до 0,3 га.

Все колхозы были обеспечены семенным фондом. Однако не во всех случаях его доставка обеспечивалась транспортом. В докладной записке о доставке семян для переселенцев колхоза «Келеф» пишется: «За отсутствием транспорта корейцы носят на своих плечах по 30 кг 10 километров».[28]

Порой переселенцев расселяли в местах, где невозможно было вести какое-либо хозяйство. Ряд колхозов не были обеспечены ни поливом, ни питьевой водой. Иногда переселенцев заставляли заниматься тем, чем они никогда не занимались.

Как показал опыт работы колхоза им. Свердлова Калининского района, состоявшего в основном из

---

26) Ким П. Г. О корейской диаспоре Узбекистана... – С. 43.

27) Рахманкулова А. Х. Из истории корейских переселенческих колхозов в Узбекистане... – С. 77.

28) Цит. по: Ким В. Д. Правда – полвека спустя. – С. 115.

рисоводов, в течение 1938-1939 гг. колхоз плохо справился с планом по овощам, выполнив его в 1938 г. на 17%, а в 1939 г. – на 28%, тогда как по рису план был выполнен на 186%. В связи с этим весной 1940 г. Ташкентский облисполком вынес решение о переселении колхоза в рисоводческую зону.[29] То же произошло с колхозом имени Дмитрова.[30]

Наряду с рисом, корейским колхозам были запланированы пшеница, ячмень, бобовые и другие культуры, а также небольшие объёмы новой для них культуры – хлопка. В связи с этим корейские хозяйства стремились снизить задания по хлопку и увеличить планы по рису. Так, в заявлении членов артели им. Ленина Паст-Даргомского района говорится о том, что они не являются специалистами по хлопку; что они затрачивают много трудодней на его обработку, но эффективности мало, а отсюда и низкая оплата трудодня. Из-за этого из состава артели 27 хозяйств вышли из колхоза. Поэтому переселенцы просили разрешить посеять рис на 200 га, а хлопок – только на 40 га.[31]

Из-за плохой оснащённости и организации работы рыболовецкие колхозы также выполняли план только на 40-50%.

---

29) ЦГА РУз. Фонд 314, опись 1, дело 26, л. 75.

30) ЦГА РУз. Фонд 90, опись 8, дело 5138, л. 2.

31) Рахманкулова А. Х. Из истории корейских переселенческих колхозов в Узбекистане... – С. 79.

В 1938-1940 гг. начинается самовольное расселение корейцев из безводных ареалов Казахстана в Узбекистан и Киргизию – на орошаемые земли. Корейские колхозы Узбекистана принимали новых переселенцев, несмотря на запреты. Наряду с самовольным расселением, имела место и другая форма самоустройства корейских колхозов: они стали сливаться с местными колхозами, находившихся в лучших поливных условиях.

Если корейцы, расселённые в Казахстане, оказывались в безводных землях, то переселенцы в Узбекистане столкнулись с проблемой заболоченных земель. Поскольку лучшие земли были отданы под хлопок, то рисосеющим корейским колхозам отвели заболоченные, заросшие камышами земли вдоль рек. Так, из предоставленных колхозу «Полярная звезда» орошаемых земель 50% составляли камышовые заросли и болота.[32]

В связи с этим для подготовки к весеннему севу необходимо было провести ирригационные работы. В начале все земляные работы велись вручную. Корейские колхозы намного превысили объёмы запланированных работ. Так, колхоз «Северный маяк» выполнил земляные работы на 400,7%, колхоз «Новый путь» – на 600,5%, а колхоз «Полярная звезда» – на 700%. К весне 1938 г. в районах по

---

[32] Экономика передового колхоза «Полярная звезда». – Ташкент, 1954. – С. 8.

левому берегу реки Чирчик ирригационной сетью было освоено 6 970 га, в урочище Дам-Аши в Калининском районе – 597 га, на землях бывшего совхоза Стрелкова в Пастдаргомском районе – 2 000 га и в Гурленском районе – 921 га.[33] Однако этого было недостаточно. Поэтому в марте 1938 г. ЦК КП Узбекистана принимает постановление, в котором ставит вопрос о проведении механизированных работ экскаваторами и взрывным способом.[34] В ходе этих работ было вынуто свыше 586 тыс. м^3 земли, а протяжённость вновь построенных и отремонтированных каналов, водосборов и коллекторов составила 22 км.[35]

Несмотря на сложное положение корейских колхозов с точки зрения их обустроенности, технической оснащённости и знакомства с климатом и почвой в Средней Азии корейские земледельцы уже в первые годы демонстрируют успехи в получении высоких урожаев.

45% рисовых площадей СССР находилось в Узбекистане, но до приезда корейцев планы по рису здесь не выполнялись. Собранный в 1938 г. корейскими колхозами урожай шалы был столь большой, что перерабатывающие заводы стали отказываться брать её на переработку из-за нехватки мощностей. Боясь, что рис может попасть в частные руки и

---

33) Ким П. Г. Указ. соч. – С. 43, 46.

34) ЦГА РУз. Фонд 90, опись 8, дело 4466, л. 2-3.

35) Ким П. Г. Указ. соч. – С. 43, 46.

оказаться в свободной продаже на базарах, зам. наркома земледелия просит наркома местной промышленности обязать перерабатывающие заводы принимать от корейских колхозов шалу на переработку.[36)]

Высокие урожаи достигались корейцами не только в традиционных для них культурах, но и в хлопководстве. Так, колхоз «Полярная звезда» начинает заниматься хлопководством с 1941 г. В то время средняя урожайность хлопка по колхозам Средне-Чирчикского района составляла 21,8 центнера с 1 га. Корейские земледельцы уже в первый год получили 38,7 центнера с гектара.[37)]

К 1941 году, то есть к началу войны, корейские колхозы уже постепенно становятся на ноги. Так, за 4 года в колхозе «Полярная звезда» основные средства производства выросли в 3 раза, денежные доходы увеличились в 5,5 раза, валовой сбор зерна – в 2,5 раза.[38)]

2. Корейцы в годы Второй мировой войны

22 июня 1941 г. фашистская Германия напала на СССР.

---

36) ЦГА РУз. Фонд 90, опись 2, дело 124, л. 25
37) Экономика передового колхоза «Полярная звезда»··· – С. 12.
38) Экономика передового колхоза «Полярная звезда»··· – С. 10.

Началась Великая Отечественная война.

Корейцы считали СССР своей родиной и стали осаждать военкоматы с просьбой отправить на фронт. Это носило настолько массовый характер, что патриотизм корейцев признали и органы НКВД. В справке 2-го Управления НКВД СССР от 19 августа 1943 г. отмечается: «Высокими были патриотические чувства, подтверждением чему явились многочисленные заявления, поданные корейской молодёжью в военкоматы с просьбой о зачислении их добровольно в действующую армию».[39]

Но в подавляющем большинстве случаев корейцев на фронт не брали. С началом войны их, как и другие народы, находившихся на учёте НКВД, мобилизовали в «трудовую армию». Запретив корейцев брать в действующую армию, сталинский режим нанёс оскорбление достоинству корейцев. В вышеупомянутой справке 2-го Управления НКВД СССР отмечается: «Отказ в призыве в Красную Армию, несомненно, приводил многих в уныние и вызывал неудовольствие». Данная реакция была характерна не только для рядовых корейцев, но и для партийно-комсомольского состава, что отмечается в справке: «Недовольство этой акцией проявлялось в резкой степени среди коммунистов и комсомольцев корейской

---

[39] Цит. По: Пак Б. Д., Бугай Н. Н. 140 лет в России. Очерк истории российских корейцев. – М., 2004. – С. 292-293.

национальности». И далее следовал вывод: «В конечном итоге, это расценивалось как ущемление законных прав и интересов корейцев, как недоверие к ним со стороны советской власти».

1) В трудовой армии

(1) Историческая справка

Мобилизация корейцев в трудармию, как и мобилизация в действующую армию, производилась военкоматами.

Еще осенью 1940 г. Главный военный совет при Народном Комиссариате Обороны[40] в постановлении по призыву в Рабоче-Крестьянскую Красную Армию[41] предписал призвать, но не направлять в армию, а зачислять в рабочие батальоны призывников из лиц турецкой, японской, корейской, китайской и румынской национальностей.[42]

Важнейший из документов, регулирующих мобилизацию корейцев – Постановление ГОКО[43] № 2414с от 14 октября 1942 г. «О мобилизации в Узбекской, Казахской, Киргизской, Таджикской и Туркменской ССР военнообязанных для работы в промышленности и строительстве железных дорог

---

40) В дальнейшем – НКО.

41) В дальнейшем – РККА.

42) Русский архив: Великая Отечественная. Т. 13 (2-2). – М., 1997. – С. 394.

43) ГОКО – Государственный Комитет Обороны.

и промышленных предприятий». Отдельной строкой в Постановлении записано: «В том числе мобилизовать всех корейцев призывного возраста». [44]

Первоначально, видимо, были планы об использовании корейцев только в республиках их проживания. Так, пункт 4 Постановления предписывал: «Корейцев всех использовать только в пределах Узбекской и Казахской ССР».[45] Однако корейцы работали и в РСФСР, и на Украине.

Корейцы были задействованы и на строительстве Туркестано-Сибирской железной дороги. 5.12.1942 г. вышло Постановление ГКО СССР «О мобилизации в Узбекской ССР 2,5 тыс. военнообязанных корейцев и направлении их на строительство Узбекского металлургического комбината».[46] Корейцы работали на строительстве театра на Беш-Агаче в Ташкенте, электромеханического завода в Чирчике и Нижне-Бозсуйской ГЭС, в карьерах Джизака, на шахтах и строительстве цементного завода в Ангрене.

В марте 1943 г. 5135 корейцев были направлены в Подмосковный угольный бассейн в Тульской области.[47]

Большое количество корейцев было направлено в

---

[44] РГАСПИ, фонд 644, опись 1, д.64, л. 37.

[45] Там же.

[46] РГАСПИ, ф. 644, оп. 1, д. 181, л. 164.

[47] Бугай Н. Ф. «Совершенно секретно»: информация НКГБ Союза СССР (корейцы в рабочих колоннах и батальонах) // Пак Б. Д., Бугай Н. Ф. 140 лет в России. Очерк истории российских корейцев. – М., М., 2004. – С. 314.

исправительно-трудовые лагеря НКВД в Коми АССР. Н. Ф. Бугай дает справку, что: «В информационных документах НКВД Союза ССР той поры ⋯ указывалось, что на правах участников рабочих колонн и рабочих батальонов было занято 1500 граждан корейской национальности в Ухтинском лагере НКВД Союза ССР».[48]

Корейцы-трудармейцы работали на Алтае, под Сталинградом, Казанью, на шахтах Воркуты и Ленинградской области, в Пермской области, на Украине. Они работали на строительстве заводов различного профиля, ГЭС, автомобильных и железных дорог, оборонительных сооружений и объектов культурного назначения; на рубке и сплаве леса, заготовке корма скоту, в каменоломнях и шахтах, на нефтяных буровых, на заготовке древесного угля и т. д.

Работали трудармейцы по 11-12 часов в сутки. По воспоминаниям бывших трудармейцев Ухто-Ижемского лагеря Коми АССР, многие из них из-за постоянного голодания и тяжёлой работы находились на грани выживания. По документам архивов Коми, в январе 1944 г. корейцы устроили забастовку. После ареста 7 руководителей забастовки работа была возобновлена.[49]

---

48) Бугай Н. Ф. «Совершенно секретно»⋯ – С. 316.

49) КРГАОПДФ (Коми республиканский архив общественно-политических движений и формирований), ф. 1, оп. 3, д. 1079, л. 118.

(2) Персоналии

◎ ХЕГАЙ СЕРГЕЙ ИЛЬИЧ (1925–2014)[50]

Интервью: «Родился 27 октября 1925 г. (по документам 1926 г.) в селе Конезавод, Михайловского района ДВК. В ноябре 1937 г. выселен в Средне-Чирчикский район Узбекской ССР, поселок Янги Темир. С 1 сентября 1939 г. переехали в «Полярную звезду».

В октябре 1943 г., когда исполнилось 18 лет, мобилизовали в армию, сказали, что сначала пошлют в Куйбышев на обучение, а затем – на фронт.

В середине октября 18 человек с колхоза на грузовике повезли в Ташкент. Загрузили в товарняк, около 700 человек, все корейцы. Через 2-3 суток приехали в Куйбышев. Затем загрузили в поезд и снова повезли. Приехали в Коми АССР, в Ухт-Ижимский лагерь.

Меня распределили на строительство автомобильной дороги. На берегу реки стояли срубы. Нас провели в большой дом – около 100 человек. В доме – двухъярусные нары с проходами. В других бараках жили заключённые.

---

50) Интервью, г. Ташкент, 2004 г.

Территория не охранялась, так как бежать было некуда – везде лес.

Меня назначили командиром отделения. Дали топоры, двуручные пилы и лопаты. Затем в лес. Валили лес, корчевали, забивали колья, выравнивали (опускали и поднимали полотно). Так мы работали 1943-1944 гг. Работали по 12 часов в сутки.

В сутки выдавали по 700 грамм «хлеба» – чёрного и сырого суррогата. В столовой дважды в день давали «щи» из солёной капусты и ячменную или овсяную кашу, мясо не давали, изредка – картошку. Многие стали худеть. В феврале стало еще хуже – суточная норма стала 300 грамм хлеба и баланда. Из-за ослабления люди перестали вырабатывать норму, они не могли поднять даже топор. Его привязывали к верёвке и несли на спине. От сильного ветра многие не могли удержаться на ногах.

Затем работал в каменоломне для добычи гипса. В октябре 1944 г. меня направили на пункт разгрузки и погрузки камней. Так работал до апреля 1945 г. С мая 1945 г. нас перевели в населённый пункт «Водное», здесь заготавливал корм скоту (ветви берёзы). Затем меня направили на заготовку древесного угля. Вскоре я отказался работать и слёг. Неделю лежал в больнице.

После больницы меня поставили на сплав. А через несколько дней послали заведовать промышленным и продуктовым складом. Вскоре получил вызов из дома в связи с тем, что родители старые и у них нет кормильца.

После трудовой армии окончил сельскохозяйственный институт. Работал начальником планово-финансового отдела, заместителем управляющего, заместителем генерального директора треста «Самаркандгеология»».

◎ УГАЙ ЧЕРСИК ДЕМЬЯНОВИЧ[51]

Интервью: «Родился в 1926 г. в селе Толентон Ольгинского района Приморской области. В 1937 г. выселен в Узбекскую ССР. После школы поступил в ирригационный институт в Ташкенте.

В ноябре 1943 г. был мобилизован в армию. Всех отправили поездом. Приехали в Куйбышев, затем в г. Горький, затем в г. Ухту Коми АССР.

Приехали на место постоянной работы – 84-ю буровую, где было два барака и служебное здание. Мы строили дорогу к месторождению природного газа. Сначала шла бригада лесорубов, которая прорубала просеку в тайге. За ней шли бригады землекопов. В условиях зимы нужно было

51) интервью, г. Ташкент, 2004 г.

откалывать мёрзлую землю киркой, ломом, клином и кувалдой весом в 3 кг.

Дневная норма продуктов и хлеба складывалась от выработки на трассе. За 100% выполнения нормы-плана полагалось 550 гр. хлеба, за 125% – 650 гр., за 150% – 750 гр., штрафная норма – 300 гр. Дневной паёк состоял, кроме того, из 50 гр. крупы, 3 гр. растительного масла, 0,5 кг овощей. Кормили 2 раза в сутки, утром в 7 часов и вечером в 5 часов. Завтрак – хлеб и 200 гр. жидкой овсяной каши, ужин – хлеб, капуста и кормовая свекла и овсяная каша. Хлеб – тяжёлый, липкий, с отрубями – по утрам получали в специальном ларьке. Были и так называемые премиальные «бабки» – запеканка из крупы весом в 60-70 гр.

Иногда удавалось достать овёс из конюшни, поменять на какие-либо вещи. Особенно везло тем, кто попадал дежурным на кухню.

Истощение некоторых доходило до того, что человек не мог устойчиво стоять или ходить, падал под ударами ветра. Тогда специальная комиссия составляла акт и направляла в команду ослабевших, которых называли «доходягами». В течение 1-2 недель их содержали с усиленным питанием и давали лёгкую работу. После этого их снова направляли на земляные работы.

В октябре 1944 г. меня перевели в автомастерскую – автослесарем. Демобилизовали в мае 1945 г.

В 1946 г. поступил в Среднеазиатский государственный университет, на исторический факультет. В 1951 г. был назначен директором школы, в 1963 г. – директором школы-интерната. С 1967 г. – преподаватель истории Ташкентского высшего танкового командного училища. В 1968 г. поступил в аспирантуру. В 1971 г. защитил диссертацию «Деятельность Коммунистической партии Узбекистана по укреплению союза рабочего класса и колхозного крестьянства (1933-1937)».

Заслуженный работник народного образования УзССР(1978), награждён медалями «За доблестный труд в Великой Отечественной войне 1941-1945 гг.», «40 лет победы в Великой Отечественной войне» и «50 лет победы в Великой Отечественной войне», «Шухрат»».

◎ ТЯН ЕН ДИН (ЕЛИСЕЙ НИКОЛАЕВИЧ)[52]

Интервью: «Родился в 1917 г. в селе Павловск, Сучанского района ДВК. В 1937 г. был выселен в Узбекистан. Работал зам. председателя колхоза и секретарём парткома колхоза им. ОГПУ.

В первые годы войны был освобождён от трудовой армии по броне. Совместно с председателем

---

52) Интервью, г. Ташкент, 2004 г.

занимался мобилизацией на трудовой фронт.

В конце 1944 г. меня направили в Ангрен, где работали корейцы на шахте и строительстве цементного завода. Проводил политическую работу среди них, так как участились случаи дезертирства. Вскоре меня командировали в Средне-Чирчикский район найти убежавших. В начале 1945 г. демобилизовался.

Поступил в пединститут на исторический факультет, работал в школе в Ташкенте завучем, а затем директором школы в Средне-Чирчикском районе.

В 1945 г. был награждён медалью «За доблестный труд в Великой Отечественной войне 1941-1945 гг.», в 1995 гг. – юбилейной медалью «50 лет победы над в фашизмом в войне 1941-1945 гг.»».

◎ ПАК ВЛАДИМИР ГРИГОРЬЕВИЧ[53]

Родился 13 августа 1926 года в селе Пуциловка Ворошиловского района Дальневосточного края. В 1937 году, во время выселения, семья прибыла в Хорезмскую область Узбекистана.

8 ноября 1943 года получил повестку из военкомата. Вместе с земляками (33 корейцев) из Хорезмской области приехал в Ташкент.

---

53) Ли Владимир. Владимир Пак – участник трудового фронта. – http:// koryo-saram.ru/vladimir-pak-uchastnik-trudovogo-fronta/

В Ташкенте сформировали эшелон с людьми из Самаркандской, Наманганской, Хорезмской и Ташкентской областей (1000 человек). На ст. Кзыл-Орда в Казахстане прицепили ещё один вагон, около 500 человек, корейцев. Все были уверены, что едут учиться в военное училище. Только после прибытия в г. Куйбышев по эшелону прошёл слух, что везут в Ухту. Приехали в г. Киров, оттуда ехали ещё сутки до Котласа, а там уже рядом Ухта. Тут все поняли, что это лагерь для заключённых. Жили в бараках, в тайге. Правда, в отличие от заключённых внутри зоны, были все общественные организации: партийная, комсомольская и профсоюзная. По посёлку ходили свободно, без конвоя и в гражданской одежде.

Строили дороги, выкорчёвывали деревья, долбили мёрзлую землю. Труд был каторжный, люди умирали от болезни, недоедания, тяжёлой работы и несчастных случаев. Особенно много погибло однажды при пожаре жилого барака, где-то человек 50, среди них были и корейцы. Начальником лагеря был генерал-лейтенант Бурдаков, пользовался заслуженным уважением и авторитетом. После окончания войны участников трудового фронта по заявлению отпускали домой. В первую очередь отпускали тех, кто из дому получал документы о тяжёлом семейном положении.

По заявлению, со второй попытки, 20 июля 1946 года В. Пака отпустили домой. Домой попал 10 августа 1946 года. В сентябре того же года его приняли в Самаркандский сельскохозяйственный институт. Но через год поступает в Ташкентский ирригационный институт, который окончил в 1952 году.

В 60-е годы работал главным механиком в Афганистане на стройке канала, затем начальником конструкторского бюро Андижанского завода «Ирмаш». Потом директор этого завода. Награждён орденом «Знак Почёта» и почётным знаком «Заслуженный инженер Узбекской ССР».

2) На фронтах Второй мировой войны

(1) Историческая справка

И всё же корейцам, прежде всего молодёжи, удалось принять участие в боях на фронтах Второй мировой. Одни попадали в армию, изменив свои фамилии. Другие – студенты вузов прифронтовых городов – оказывались на передовой вместе со своими однокурсниками. Третьи, обивая пороги военкоматов, райкомов комсомола и других организаций, всеми правдами и неправдами всё же добивались отправки на фронт. Четвёртые призывались в качестве специалистов. В

действующую армию удавалось попасть прежде всего тем корейцам, которые в силу различных обстоятельств оказались в разных городах России. Они были оторваны от основной массы корейцев, проживавших до 1937 г. компактно на Дальнем Востоке, а затем выселенных в Среднюю Азию, и потому не попавших под выселение.

(2) Персоналии

◎ АН СЕН ГЫН (1912–1968)[54]

Родился в Корее, в провинции Хванхэ. После переселения 1937 г. проживал в Гурленском районе Хорезмской области.

---

54) Ким Б. Корейцы Узбекистана. Кто есть кто. – Т., 1995. – С. 15 ; Шин Д. В., Пак Б. Д., Цой В. В. Советские корейцы на фронтах Великой Отечественной войны 1941-1945 гг. – М.: ИВ РАН, 2011. – С. 58.

Призван в РККА в феврале 1945 г. Участник советско-японской войны. Разведчик, стрелок Краскинского пограничного разведывательного пункта 1-го Дальневосточного фронта. Награждён орденом Славы III степени (1945 г.), медалями «За победу над Германией в Великой Отечественной войне 1941-1945 гг.», «За победу над Японией» и другими наградами. Демобилизован в 1947 г.

После войны работал бригадиром, агрономом колхоза имени Сталина в Гурленском районе. Награжден орденом Трудового Красного Знамени.

◎ КИМ АЛЕКСАНДР[55]

В 1937 г был выселен в Узбекскую ССР.

Красноармеец, связист. Награждён медалью «За боевые заслуги» (1944 г.).

◎ КИМ (САДЫКОВ) АНАТОЛИЙ БОРИСОВИЧ[56]

Родился в 1925 г. во Владивостоке.

Чтобы уйти на фронт, сменил фамилию Ким на узбекскую фамилию Садыков. Воевал разведчиком в частях 1-го и 4-го Украинского фронтов. Войну закончил в Праге. Награждён

55) Шин Д. В., Пак Б. Д., Цой В. В. Советские корейцы на фронтах Великой Отечественной войны 1941-1945 гг. – М.: ИВ РАН, 2011. – С. 103-104; Базаров П. Отважный боец Александр Ким // Советская Кара-Калпакия. 4 июня 1944 г.

56) Ким Б. Корейцы Узбекистана. Кто есть кто. – Т., 1995. – С. 40.

орденами Славы III степени и Отечественной войны II степени, медалью «За отвагу» и медалью Чехословацкой Республики.

После войны работал на сельскохозяйственных предприятиях Самаркандской области.

◎ КИМ ВЛАДИМИР АЛЕКСЕЕВИЧ (КИМ ВОН ГУ)[57]

Родился в 1923 г. в селе Красный Посьетского района Приморской губернии Дальневосточной области. В 1937 г. был выселен в Узбекскую ССР. Воспитанник Гиждуванского детского дома г. Бухары. Окончил музыкальное училище, играл на тромбоне в духовом оркестре.

В 1941 г. призван в музыкальную роту военного духового оркестра РККА. В 1942 г. окончил курсы Пензенской артиллерийской полковой школы.

Гвардии младший сержант войск ПВО Юго-Западного фронта. Участник Сталинградской битвы. Принимал участие в освобождении Ростова, Харькова, Киева, Дрогобыча, Кракова, взятии Бреслау (Германия). В апреле 1945 г. – участник встречи на Одере с американскими войсками.

Награждён орденом Отечественной войны II степени,

---

57) Шин Д. В., Пак Б. Д., Цой В. В. Советские корейцы на фронтах Великой Отечественной войны 1941-1945 гг. – М.: ИВ РАН, 2011. – С. 144-145; Ли В. Фронтовик // Российские корейцы. 2009. № 114.

медалями «За отвагу», «За боевые заслуги», «За победу над Германией в Великой Отечественной войне 1941-1945 гг.», «Ветеран труда».

Демобилизовался в 1947 г. После войны окончил Ташкентский техникум механизации сельского хозяйства, работал механиком в Самаркандской области. Позже переехал в Россию.

◎ КИМ ДАН САН[58]

В 1937 г. был выселен в Узбекскую ССР. Ушёл на фронт добровольно, назвавшись казахом по фамилии Кимов. После войны проживал в колхозе им. Сталина Гурленского район Хорезмской области.

◎ КИМ ДОН СУ[59]

Родился в 1910 г. в селе Индуханки Никольск-Уссурийского уезда Приморской области. В 1937 г. был выселен в Узбекскую ССР. До 1945 г. работал 2-м секретарём Средне-Чирчикского района ВКП.

Призван в армию в 1945 г. Красноармеец. Находился в распоряжении 2-го Главного Управления Генерального

---

58) Шин Д. В., Пак Б. Д., Цой В. В. Советские корейцы на фронтах Великой Отечественной войны 1941-1945 гг. – М.: ИВ РАН, 2011. – С. 155; Юн О. Корейцы на древней земле Хорезма // Корё ильбо. 17 апреля 1993 г.

59) Шин Д. В., Пак Б. Д., Цой В. В. Советские корейцы на фронтах Великой Отечественной войны 1941-1945 гг. – М.: ИВ РАН, 2011. – С. 158.

штаба Вооружённых сил СССР (разведка). Пропал без вести в 1945 г.

◎ КИМ ИЛЬЯ МАКАРОВИЧ[60]

Родился в 1911 г. в Никольск-Уссурийске Приморской области Приамурского края. В 1937 г. был выселен в Узбекскую ССР. Проживал в Самарканде.

Призван в армию в феврале 1942 г. Пропал без вести в августе 1942 г.

◎ КИМ НИКОЛАЙ АЛЕКСАНДРОВИЧ (1907-1982)[61]

Родился в 1907 г. на ст. Песчанка Читинского уезда Забайкальской области Иркутской губернии. Кадровый военный. В рядах РККА с 1929 г.

Во время войны служил на Дальневосточном фронте: переводчик Полтавского и Краскинского оперативных пунктов; младший помощник начальника Краскинского разведывательного пункта, переводчик Краскинского пограничного разведывательного пункта. Окончил войну в звании капитана. Награждён орденом Красной Звезды (1945), медалями «За боевые заслуги» (1945), «За победу над

---

60) Шин Д. В., Пак Б. Д., Цой В. В. Советские корейцы на фронтах Великой Отечественной войны 1941-1945 гг. – М.: ИВ РАН, 2011. – С. 171.

61) Шин Д. В., Пак Б. Д., Цой В. В. Советские корейцы на фронтах Великой Отечественной войны 1941-1945 гг. – М.: ИВ РАН, 2011. – С. 182.

Германией в Великой Отечественной войне 1941-1945 гг.»,
«За победу над Японией». Демобилизовался в 1946 г.

В 1947 г. работал помощником прокурора в г. Янгиюль Ташкентской области Узбекской ССР. В 1960-х годах служил в правоохранительных органах Дальнего Востока.

Умер в 1982 г. на Северном Кавказе.

◎ КИМ ПАН СИН[62)]

Родился в 1901 г. В 1937 г. был выселен в Узбекскую ССР. Призван в армию Сокольническим РВК г. Москвы в феврале 1942 г.

Красноармеец. Пропал без вести в мае 1945 г.

◎ КИМ ПЕН ГЕР
(КИМ ВЛАДИМИР НИКОЛОЕВИЧ, 1923-2005)[63)]

Родился в 1923 г. в поселке Горный Партизанского района Приморского края. Ниже приводится газетное интервью с ним в г. Ташкенте (1994 г.):

«Война меня застала в детском доме г. Свердловска, где я учился и жил, потеряв родителей в раннем возрасте. В июле 1941 г. после окончания 8-летней школы по рекомендации райкома комсомола я подал документы в военную школу

---

62) Шин Д. В., Пак Б. Д., Цой В. В. Советские корейцы на фронтах Великой Отечественной войны 1941-1945 гг. – М.: ИВ РАН, 2011. – С. 223.

63) Хан В. С. Они защищали Родину // Корё ильбо. 7 мая 1994.

лётчиков. Но на отборочной комиссии мне отказали в приёме, сославшись на ранний возраст, хотя моего товарища, который был младше меня, приняли. Полгода я ходил в военкомат с просьбой отправить на фронт, но всегда получал отказ.

6 марта 1942 г. меня направили в «трудовой батальон», где были поляки и русские, чьи родители были репрессированы. Стало ясно, что я, как кореец, тоже отношусь к неблагонадёжным.

Я обратился к директору детского дома, который пользовался большим авторитетом в городе, а также к командиру трудового батальона, который хорошо ко мне относился. Кроме того, каждую неделю я ходил в военкомат.

И вот, в сентябре 1942 г. меня направили в военное училище лейтенантов, а в феврале 1943 г. всех курсантов отправили на Воронежский фронт. Мне присвоили звание сержанта и назначили командиром пулемётного расчета. 5 сентября 1943 г. во время наступления около села Михайловка Курской области я получил тяжёлое ранение. По выздоровлении меня направили на фронтовые курсы младших лейтенантов 1-го Украинского фронта. Войну я окончил в Восточной Пруссии, а демобилизовался в 1947 г.».

Награждён орденом Отечественной войны 1-й степени, медалями «За отвагу», «За победу над Германией» и другими наградами.

После войны окончил Среднеазиатский государственный университет, работал учителем математики в школах Ташкентской и Сахалинской областей. В 1990-е годы являлся председателем корейского культурного центра Мирзо-Улугбекского района г. Ташкента.

◎ КИМ СЕМЁН КОНСТАНТИНОВИЧ[64]

Родился в 1926 г. в деревне Крепости Николаевского округа Приморской губернии Дальневосточной области. В 1937 г. был выселен в Узбекскую ССР.

Призван в армию Верхне-Чирчикским РВК Ташкентской области.

Автоматчик 158-й стрелковой дивизии 39-й армии 3-го Белорусского фронта. Погиб в бою 17 сентября 1944 г. Похоронен в п. Иецава в Латвии.

◎ КИМ СЕРГЕЙ ХЕНКОВИЧ (1918-1989)[65]

Родился в 1918 г. в селе Перетине Ольгинского уезда Приморской области. В 1937 г. был выселен в Узбекскую ССР. После окончания Ташкентского физкультурного техникума направлен в Белоруссию. Призван в армию в сентябре 1941 г.

---

64) Шин Д. В., Пак Б. Д., Цой В. В. Советские корейцы на фронтах Великой Отечественной войны 1941-1945 гг. – М.: ИВ РАН, 2011. – С. 231.

65) Шин Д. В., Пак Б. Д., Цой В. В. Советские корейцы на фронтах Великой Отечественной войны 1941-1945 гг. – М.: ИВ РАН, 2011. – С. 233.

Гвардии старший лейтенант 23 артиллерийского полка 4 Гвардейской стрелковой дивизии. В 1944 г. – парторг 2 стрелкового батальона 207 Гвардейского стрелкового полка 101 стрелкового корпуса. В 1945 г. – парторг батальона 24 стрелковой дивизии 5-й ударной армии 4-го Украинского фронта.

Награждён дважды орденом «Красной Звезды» (1944, 1945), орденом Отечественной войны II степени, медалями «За боевые заслуги», «За оборону Ленинграда», «За победу над Германией в Великой Отечественной войне 1941-1945 гг.».

После окончания войны служил в пограничных войсках Дальнего Востока, войсках спецсвязи НКВД на Сахалине, в Армении. Демобилизован в 1959 г. Проживал в г. Алмалыке, а последние годы – в г. Душанбе Таджикской ССР. Умер в 1989 г.

◎ КИМ ЧОН ГОН[66]

Родился в 1922 г. в Приморской губернии Дальневосточной области. С 1940 г. проживал в г. Андижан Узбекской ССР. Призван в армию в феврале 1942 г.

Командир отделения 65 стрелковой бригады. Участник Сталинградской битвы. В марте 1943 г. тяжело ранен, после

---

[66] Шин Д. В., Пак Б. Д., Цой В. В. Советские корейцы на фронтах Великой Отечественной войны 1941-1945 гг. – М.: ИВ РАН, 2011. – С. 257-258; Ким Чон Гон. Ради мира на земле // Корё ильбо. 29 апреля 1995 г.

лечения был демобилизован. Награждён орденом Отечественной войны II степени.

После войны окончил Чирчикский строительный техникум, работал прорабом и начальником строительного участка на стройках Узбекистана.

◎ ЛИ (САДОВСКИЙ) АЛЕКСЕЙ ВИКТОРОВИЧ[67)]

Родился в 1922 г. В 1937 г. был выселен в Узбекистан.

Призван в армию в феврале 1940 г. Разведчик, младший сержант. Воевал под фамилией Садовский. Войну прослужил в разведроте 88-й стрелковой бригады 25-й армии. Награждён орденом Отечественной войны II степени, медалью «За победу над Японией». В 2000-х проживал в г. Ташкенте (Узбекистан).

◎ ЛИ АЛЕКСЕЙ ИВАНОВИЧ[68)]

Родился в 1914 г. в г. Никольск-Уссурийске Приморской области Приамурского края. В 1937 г. был выселен в Казахстан. В 1941 г. призван в трудовую армию. Призван в ряды РККА Балашихинским РВК Московской области в

---

67) Шин Д. В., Пак Б. Д., Цой В. В. Советские корейцы на фронтах Великой Отечественной войны 1941-1945 гг. – М.: ИВ РАН, 2011. – С. 410-411; Ли-Садовский А. Я был разведчиком // Корё ильбо. 6 мая 1995 г.

68) Шин Д. В., Пак Б. Д., Цой В. В. Советские корейцы на фронтах Великой Отечественной войны 1941-1945 гг. – М.: ИВ РАН, 2011. – С. 268; Ли Ен Гван. На фронте и тылу // Корё ильбо. 21 января 1995 г.

октябре 1943 г.

Десантник. Воевал в составе резерва Верховного Главнокомандования, 3 гвардейской воздушно-десантной армии, 317 гвардейского стрелкового полка 103 гвардейской стрелковой дивизии 9-й гвардейской армии. Участвовал в освобождении Белоруссии, Польши, Чехословакии, Венгрии.

Награждён орденом Отечественной войны I степени, медалью «За отвагу».

После войны жил в колхозе «Огородник» в Казахской ССР, а затем в колхозе «Дустлик» (Политотдел) в Узбекистане.

◎ ЛИ ИННОКЕНТИЙ АЛЕКСАНДРОВИЧ[69]

Родился в 1918 г. в г.Хабаровске. В 1937 г. выселен в Узбекскую ССР.

Призван в ряды РККА Маргиланским РВК Ферганской области Узбекской ССР в 1942 г. Красноармеец. Пропал без вести в августе 1942 г.

◎ ЛИ ИРЕН[70]

Родился в 1918 г. в Приморской области. В 1937 г. выселен в Узбекскую ССР. Разведчик. Проживает в Кабардино-Балкарии.

---

69) Шин Д. В., Пак Б. Д., Цой В. В. Советские корейцы на фронтах Великой Отечественной войны 1941-1945 гг. – М.: ИВ РАН, 2011. – С. 286-287.

70) Шин Д. В., Пак Б. Д., Цой В. В. Советские корейцы на фронтах Великой Отечественной войны 1941-1945 гг. – М.: ИВ РАН, 2011. – С. 287.

◎ ЛЯН ЕН БОМ[71]

Родился в 1921 г. в Приморской области. В 1936 г. переехал в Крым. Призван в ряды РККА Симферопольским ГВК летом 1941 г.

Младший лейтенант. В составе 65 кавалерийской дивизии 5-й Донской армии 2-го Украинского фронта принимал участие в освобождении Украины, Молдавии, Румынии, Венгрии, Чехословакии.

Награждён орденами Отечественной войны I и II степеней, Красной Звезды, медалями «За отвагу», «За взятие Будапешта».

После войны окончил Нукусский педагогический институт (Каракалпакская АССР). Работал зам. председателя Каракалпакского республиканского комитета по физкультуре и спорту.

Демобилизован осенью 1946 г.

В 1990-х годах проживал в Республике Узбекистан.

◎ ЛЯН ЛЕОНИД МИХАЙЛОВИЧ[72]

Родился в 1924 г. в г. Коканд Ферганской области Узбекской ССР.

71) Шин Д. В., Пак Б. Д., Цой В. В. Советские корейцы на фронтах Великой Отечественной войны 1941-1945 гг. – М.: ИВ РАН, 2011. – С. 287; Лян Ен Бом. Войну я познал на себе // Корё ильбо. 6 мая 1995 г.

72) Шин Д. В., Пак Б. Д., Цой В. В. Советские корейцы на фронтах Великой Отечественной войны 1941-1945 гг. – М.: ИВ РАН, 2011. – С. 302.

Призван в ряды РККА Казанским ГВК Татарской АССР. Погиб 17 июля 1943 г. Похоронен в братской могиле в Орловской области.

◎ МАГАЙ АЛЕКСЕЙ АЛЕКСАНДРОВИЧ[73]

Родился в 1911 г. Николаевске Приморской области. Осенью 1937 г. выселен в Узбекскую ССР.

Призван в ряды РККА Ферганским ГВК Узбекской ССР 19 окт. 1941 г.

Красноармеец. Пропал без вести в ноябре 1943 г.

◎ МИН ЮРИЙ АЛЕКСАНДРОВИЧ[74]

Осенью 1937 г. выселен в Узбекскую ССР. Красноармеец. Погиб в бою 3 сентября 1943 г.

◎ МУН ЛЕВ[75]

Родился в 1916 г. в г. Никольск-Уссурийске Приморской области Приамурского края. Осенью 1937 г. выселен в Узбекскую ССР.

Призван в ряды РККА Ташкентским ГВК Узбекской ССР в

---

73) Шин Д. В., Пак Б. Д., Цой В. В. Советские корейцы на фронтах Великой Отечественной войны 1941-1945 гг. – М.: ИВ РАН, 2011. – С. 302.

74) Шин Д. В., Пак Б. Д., Цой В. В. Советские корейцы на фронтах Великой Отечественной войны 1941-1945 гг. – М.: ИВ РАН, 2011. – С. 322.

75) Шин Д. В., Пак Б. Д., Цой В. В. Советские корейцы на фронтах Великой Отечественной войны 1941-1945 гг. – М.: ИВ РАН, 2011. – С. 322.

февр. 1940 г.

Красноармеец. Курсант. Пропал без вести в ноябре 1941 г.

◎ НАМ АЛЕКСАНДР[76]

Родился в 1910 г. в Приморской области Приамурского края. В 1937 г. выселен в Узбекскую ССР.

Призван в РККА Андижанским ОГВК Узбекской ССР 10 сентября 1943 г. Пропал без вести в октябре 1943.

◎ НАМ ВЛАДИМИР ТЕРЕНТЬЕВИЧ[77]

Родился в 1923 г. В 1937 г. выселен в Узбекскую ССР.

Призван в ряды РККА Хорезмским ОВК Узбекской ССР в 1943 г. Красноармеец. Награждён орденом Отечественной войны II степени (1990).

В 1990-е гг. проживал в колхозе «Правда» Ташкентской области в Узбекской ССР.

◎ НАМ КОНСТАНТИН НИКОЛАЕВИЧ[78]

Родился в 1928 г. в с. Михайловка Владивостокского округа Дальневосточного края.

---

76) Пак Б. Д., Цой В. В. Советские корейцы на фронтах Великой Отечественной войны 1941-1945 гг. – М.: ИВ РАН, 2011. – С. 324.

77) Шин Д. В., Пак Б. Д., Цой В. В. Советские корейцы на фронтах Великой Отечественной войны 1941-1945 гг. – М.: ИВ РАН, 2011. – С. 326.

78) Шин Д. В., Пак Б. Д., Цой В. В. Советские корейцы на фронтах Великой Отечественной войны 1941-1945 гг. – М.: ИВ РАН, 2011. – С. 328.

Осенью 1937 г. выселен в Узбекскую ССР.

Партизан отряда Николая Орлова. Награждён орденами Отечественной войны II степени (1985), Красной Звезды, медалями «За боевые заслуги», «За победу над Германией в Великой Отечественной войне 1941-1945 гг.», знаком «Отличный стрелок».

После войны работал на Чирчикском химическом заводе Ташкентской области. Позже переехал в Россию.

◎ ПАК ЕВГЕНИЙ ИВАНОВИЧ[79]

Войну начал 22 июня 1941 г. Отступал до границы до Ростова-на-Дону, где был уволен из армии по национальному признаку и направлен в тыл.

После войны жил в г. Бекабад Узбекской ССР.

◎ ПАК ИВАН ЯКОВЛЕВИЧ[80]

Родился в 1910 г. в бухте Клёрка Приамурского края. Кадровый военный. В рядах РККА с сентября 1932 г. В 1936 г. окончил 1-е Ленинградское военное артиллерийское училище.

В 1936-1939 г. командир огневого взвода Харьковского

---

[79] Ким Б. Багровым осененные крестом, шли поезда, ночные санитары···// Коре ильбо. 10 мая 2002 г.

[80] Шин Д. В., Пак Б. Д., Цой В. В. Советские корейцы на фронтах Великой Отечественной войны 1941-1945 гг. – М.: ИВ РАН, 2011. – С. 374-375.

военного округа.

С октября 1941 г. по июнь 1942 г. принимал участие в обороне Севастополя. 30 июня 1942 г. захвачен в плен. Был узником девяти немецких лагерей для военнопленных. 4 мая 1945 г. освобождён частями РККА в г. Альтенграбов (Германия).

Награждён орденом Отечественной войны II степени (1958), Красной Звезды (1942), медалью «За победу над Германией в Великой Отечественной войне 1941-1945 гг.»

Работал учителем в школе в г. Бекабад Узбекской ССР. Умер в 1975 г.

◎ ПАК ПАВЕЛ АКИМОВИЧ[81]

Родился в 1913 г. в деревне Пуциловка Приамурского края.

Кадровый военный. Призван в ряды РККА Ворошиловским РВК Дальневосточного края 30 октября 1932 г. В 1937 г. окончил Московское танково-техническое училище.

С 1941 г. в составе Южного, Юго-Восточного фронтов. С 1943 г. майор артиллерийско-технической службы, помощник командира танкового батальона по технической части.

Награждён орденами Красного Знамени (дважды: 1942, 1954), Отечественной войны I степени (1942), Красной Звезды (1948), медалями «За отвагу» (1943), «За боевые

---

81) Шин Д. В., Пак Б. Д., Цой В. В. Советские корейцы на фронтах Великой Отечественной войны 1941-1945 гг. – М.: ИВ РАН, 2011. – С. 383-384.

заслуги» (1944), «За оборону Сталинграда» (1942), «За взятие Будапешта» (1945), «За взятие Вены» (1945), «За победу над Германией в Великой Отечественной войне 1941-1945 гг.».

В 1950-е гг. служил зам. командира стрелкового полка по технической части. Подполковник.

Проживал в колхозе им. Свердлова Узбекской ССР.

◎ ПАК ТХЯ ГИР[82]

Родился в 1923 г. в селе Ханкиндон Тернейского района Приморского края. Старший сержант, командир отделения понтонного полка (1942-1946 гг.). Участвовал в прорыве Ленинградской блокады, освобождении Прибалтики, Польши. Войну закончил в Германии. Награжден орденами Славы 3-й степени и Отечественной войны 2-степени, медалями «За отвагу», «За боевые заслуги», «За оборону Ленинграда», «За освобождение Варшавы», польской медалью «За Варшаву» и др. наградами.

После войны окончил Ташкентский финансово-экономический институт (1951 г.), работал кредитным инспектором в Таджикистане. Позже преподаватель Ташкентского сельскохозяйственного института, затем – Ташкентского государственного университета. Кандидат экономических наук (1964 г., тема диссертации:

---

82) Ким Б. Корейцы Узбекистана. Кто есть кто. – Т., 1995. – С. 91; Ли Ен Гван. Поклон ветеранам // Корё ильбо. 29 апреля 1995 г.

«Государственные закупки сельхозпродуктов»), доцент. Автор свыше 50 научных публикаций.

◎ СОН АЛЕКСЕЙ МИХАЙЛОВИЧ[83]

Родился в 1928 г. в селе Гродеково Владивостокского округа Дальневосточного края. В 1937 г. выселен в Узбекскую ССР.

В 1944 г. бежал на фронт. Сын полка. Сержант взвода управления миномётной батареи. Воевал на 4-м и 1-м Украинском фронтах. Награждён орденами Отечественной войны II степени (1985), Славы III степени (1945), медалями «За боевые заслуги» (1944), «За освобождение Праги» (1990), знаком «Сын полка» (2008).

Кандидат педагогических наук (1978).

◎ ТЕН АЛЕКСАНДР ВАСИЛЬЕВИЧ[84]

Родился в 1911 г. в Корее. В 1937 г. выселен в Узбекскую ССР. Призван в ряды РККА в Ташкентской области.

Стрелок 135 гвардейского стрелкового полка 46 гвардейской стрелковой дивизии 2-го Прибалтийского фронта. Умер от ран 19 марта 1944 г.

---

83) Шин Д. В., Пак Б. Д., Цой В. В. Советские корейцы на фронтах Великой Отечественной войны 1941-1945 гг. – М.: ИВ РАН, 2011. – С. 417-418.

84) Шин Д. В., Пак Б. Д., Цой В. В. Советские корейцы на фронтах Великой Отечественной войны 1941-1945 гг. – М.: ИВ РАН, 2011. – С. 430.

◎ ТЕН ТРОФИМ АЛЕКСАНДРОВИЧ[85)]

Родился в 1920 г. в г. Чите. В 1937 г. выселен в Узбекскую ССР. Призван в ряды РККА в Ферганской области.

Стрелок 228 гвардейского стрелкового полка 78 Гвардейской стрелковой дивизии Степного фронта. Погиб в бою 3 октября 1943 г. в ходе битвы за Днепр.

◎ ХВАН АЛЕКСАНДР ГРИГОРЬЕВИЧ[86)]

Родился в 1909 г. в селе Корсаковке Приморской области Приамурского края.

Кадровый военный. Призван в ряды РККА в 1933 г. Войну служил начальником инженерной службы 47-го запасного стрелкового полка, в резерве 5-го и 12-го запасных полков.

Гвардии капитан. С апреля по июнь 1945 г. – командир инженерно-минной роты 21-й гвардейской бригады 1-й гвардейской танковой армии 1-го Белорусского фронта.

Награждён орденом Красной Звезды (1945), медалями «За боевые заслуги» (1946), «За взятие Берлина», «За победу над Германией в Великой Отечественной войне 1941-1945 гг.».

Проходил службу в Корее. С февраля 1947 г. по ноябрь

---

85) Шин Д. В., Пак Б. Д., Цой В. В. Советские корейцы на фронтах Великой Отечественной войны 1941-1945 гг. – М.: ИВ РАН, 2011. – С. 452.

86) Шин Д. В., Пак Б. Д., Цой В. В. Советские корейцы на фронтах Великой Отечественной войны 1941-1945 гг. – М.: ИВ РАН, 2011. – С. 516-517.

1948 г. – начальник инженерной службы, начальник оперативного отдела, зам. начальника штаба КНА. Награждён медалью «За освобождение Кореи».

С 1948 г. проживал в колхозе «Полярная звезда» Узбекской ССР. Умер в 1978 г. на Украине.

◎ ХВАН ДОНГУК ПЕТРОВИЧ[87)]

Родился в 1918 г. в селе Таудеми Приморской области. В 1937 г. выселен в Узбекскую ССР.

В 1941 г. был призван в трудовую армию, рыл окопы под Харьковом и участвовал в строительстве железнодорожной ветки. Благодаря своей настойчивости был включён в формирующуюся в Астрахани 130-ю дивизию, командир противотанкового орудия, принимал участие в освобождении Польши, дошёл до Берлина.

Награждён орденом Отечественной войны II степени, двумя медалями «За отвагу», двумя медалями «За боевые заслуги», медалью «За взятие Кёнигсберга».

◎ ЦАЙ ГРИГОРИЙ АЛЕКСАНДРОВИЧ[88)]

Родился в 1918 г. в селе Алексеевке Приморской области.

87) Шин Д. В., Пак Б. Д., Цой В. В. Советские корейцы на фронтах Великой Отечественной войны 1941-1945 гг. – М.: ИВ РАН, 2011. – С. 523-524.
88) Шин Д. В., Пак Б. Д., Цой В. В. Советские корейцы на фронтах Великой Отечественной войны 1941-1945 гг. – М.: ИВ РАН, 2011. – С. 535.

В 1937 г. выселен в Узбекскую ССР.

В рядах РККА с 1939 г. В документах числится как казах. Во время войны командир батареи 173-го гвардейского артиллерийского полка и 160-го отдельного миномётного полка. Капитан. Погиб в бою 25 августа 1942 г.

◎ ЦАЙ ФЕДОР ВАСИЛЬЕВИЧ[89]

Родился в 1914 г. в Приморской области. В 1937 г. выселен в Узбекскую ССР.

Призван в РККА в сентябре 1941 г. Старшина. Командир отделения 88-й отдельной стрелковой бригады. Участник советско-японской войны. Награждён медалями «За боевые заслуги» и «За победу над Японией».

После войны вернулся в Узбекистан. Умер в 1957 г.

◎ ЦОЙ НИКОЛАЙ ИВАНОВИЧ[90]

Родился в 1912 г. в селе Заречном Приморской области Приамурского края. В 1937 г. выселен в Узбекскую ССР.

Призван в РККА в октябре 1941 г. Пропал без вести в мае 1942 г.

89) Шин Д. В., Пак Б. Д., Цой В. В. Советские корейцы на фронтах Великой Отечественной войны 1941-1945 гг. – М.: ИВ РАН, 2011. – С. 538-539.

90) Шин Д. В., Пак Б. Д., Цой В. В. Советские корейцы на фронтах Великой Отечественной войны 1941-1945 гг. – М.: ИВ РАН, 2011. – С. 550.

◎ ЦХАЙ ЗАХАР АЛЕКСЕЕВИЧ[91]

Родился в 1908 г. в селе Благословенном Амурской области Приамурского края. В 1937 г. выселен в Узбекскую ССР.

Призван в РККА в марте 1942 г. Пропал без вести в июне 1942 г.

◎ ШИН БУН НАМ[92]

Родился в 1915 г. в селе Павловке Приморской области Приамурского края. В 1937 г. выселен в Узбекскую ССР.

Призван в РККА в сентябре 1941 г. Пропал без вести в апреле 1943 г.

◎ Ю СЕН ЧЕР[93]

Родился в 1918 г. в селе Чапигоу Приморской области. В 1937 г. выселен в Казахскую ССР. В 1939-1941 гг. учился в Ташкенте.

Призван в РККА в сентябре 1941 г. в г. Ташкенте. В 1941-1943 гг. - курсант Высшей спецшколы Генштаба РККА, курсант спецшколы разведотдела Дальневосточного фронта. В 1943-1945 гг. – переводчик 88-й отдельной стрелковой

---

91) Шин Д. В., Пак Б. Д., Цой В. В. Советские корейцы на фронтах Великой Отечественной войны 1941-1945 гг. – М.: ИВ РАН, 2011. – С. 571.

92) Шин Д. В., Пак Б. Д., Цой В. В. Советские корейцы на фронтах Великой Отечественной войны 1941-1945 гг. – М.: ИВ РАН, 2011. – С. 591.

93) Шин Д. В., Пак Б. Д., Цой В. В. Советские корейцы на фронтах Великой Отечественной войны 1941-1945 гг. – М.: ИВ РАН, 2011. – С. 595-596.

бригады Дальневосточного фронта.

С октября 1945 г. по июнь 1960 г. на службе в Корейской Народной Армии.[94] Генерал-лейтенант КНДР. Начальник Оперативного Управления Генерального штаба КНА. Награжден орденами КНДР и Монголии.

После возвращения в СССР проживал в колхозе «Политотдел» и г. Ташкенте. Умер в 1996 г.

3. Корейцы Узбекистана в КНДР (1940-е – 1950-е годы)

1) Историческая справка

В 1940-х годах среди советских корейцев стали готовить разведчиков, которые нелегально работали в Корее и Маньчжурии. Некоторые из призванных в РККА корейцев были направлены на Дальневосточный фронт. После освобождения Кореи некоторые корейцы были прикреплены к Управлению Советской гражданской администрации (СГА), а также отправлялись в Северную Корею, в помощь строительства нового государства. Некоторые из корейцев Узбекистана заняли высокие государственные и партийные посты (Нам Ир, А. И. Хегай и др.).

---

94) В дальнейшем КНА.

В годы Корейской войны многие советские корейцы из Узбекистана занимали высокие должности в Корейской Народной Армии, возглавив штабы военно-воздушных сил, военно-морских сил и артиллерии, политуправление, управление инженерных войск, разведку и контрразведку, военный трибунал, дивизии и армии; более 20 из них получили генеральское звание.

После XX съезда КПСС, на котором был подвергнут критике культ личности Сталина, Ким Ир Сен начинает политику выдавливания «советской группировки». Некоторые советские корейцы стали жертвами репрессий. В конце 50-х – начале 60-х годов большинство советских корейцев вернулись в СССР.

2) Персоналии

◎ КИМ ВОН ГИР(1912-1959)[95]

Родился 14 декабря 1912 г. в селе Писенцон Спасского района Уссурийской области.

В 1927-1931 гг. Вон Гир, его отец и братья работали в сельском хозяйстве вначале как единоличники, а затем

95) И.Н. Селиванов. Генерал Ким Вон Гир. – http://koryo-saram.ru/generalkim-von-gir/

вступили в колхоз.

По рекомендации райкома ВЛКСМ Ким Вон Гира направили на учёбу во Владивосток, в пединститут, где имелось корейское отделение. Обучался по специальности «учитель истории». Летом 1937 г. Корейский пединститут был переведён в Казахстан, в г. Кзыл-Орда. В 1938 г. Ким Вон Гир завершил обучение. По распределению был направлен на работу в Узбекистан – в школу в колхозе им. С.М. Кирова Средне-Чирчикского района Ташкентской области. В 1938-1941 гг. преподавал там историю.

Дальний Восток, 1944 г. В первом ряду второй слева – Ким Вон Гир

В 1942 г. стал членом ВКП (б) и был направлен на учёбу в партийную школу. В характеристике-рекомендации, данной председателем колхоза им. Кирова Хан-Му, отмечалось: «Интересуется вопросами Кореи и желает быть борцом за освобождение корейского народа от ига японского милитаризма. Физически вполне здоров, проходил начальную военную подготовку».

После окончания партшколы, в 1944 г. был призван Ташкентским военкоматом в ряды РККА и направлен на Дальний Восток; проходил службу в морском десанте Тихоокеанского флота (с марта 1944 по июнь 1947 гг.) и участвовал в освобождении городов Надин, Чондин, Вонсан от японцев.

Пхеньян, февраль 1949 г. Ким Вон Гир (первый справа) с советскими советниками.

Награждён медалями «За доблестный труд в годы Великой Отечественной войны 1941-1945», «За отвагу», «За победу над Японией», «За освобождение Кореи».

В августе 1947 г. был демобилизован и оставлен на Дальнем Востоке. Был зам. директора по политической и воспитательной работе среди корейских рабочих. Накануне провозглашения КНДР направлен в Пхеньян с партией советских корейцев.

Участвовал в Корейской войне, был назначен начальником штаба Военно-воздушных сил КНА в звании генерал-майор.

После смерти Сталина Ким Вон Гиру предложили определиться с гражданством, а затем и с дальнейшим пребыванием в КНДР. Он решил остаться. Но в начале 1959 г. генерал КНА Ким Вон Гир отправился на работу и больше его никто из родных и знакомых не видел. Скорее всего, его заподозрили в нелояльности к правящему в КНДР режиму и репрессировали.

◎ КИ СЕ ПОК(1913-1979)[96]

Родился в 1913 г. в селе Нежино Владивостокского района Дальневосточного края. Окончил Никольск-Уссурийский корейский педагогический техникум и курсы редакторов при Хабаровском комвузе. Работал завучем средней школы, редактировал учебник корейского языка в Дальгизе, поступил в корейский пединститут.

После переселения в 1937 г. продолжил учёбу и окончил Самаркандский государственный университет.

Работал директором школы в Пастдаргомском районе (Самаркандская область).

---

[96] Ким Б. Корейцы Узбекистана. Кто есть кто. – Т., 1995. – С. 37.

В 1945 г. призван в армию. Военный переводчик советской военной администрации в Корее, затем был направлен на работу по формированию КНА зам. начальника, затем начальником военно-политической школы.

Зам. заведующего отделом ЦК ТПК и главный редактор "Нодон синмун". В 1951 г. назначен зам. министра культуры и пропаганды, а через 2 года – зам. министра иностранных дел КНДР, в качестве которого принимал участие в Женевской конференции по перемирию в Корее. Зам. начальника военной академии, директор издательства технической литературы.

После возвращения в СССР (1957 г.) – зав. ташкентским корпунктом "Ленин кичи".

Награжден наградами СССР и КНДР.

◎ ЛИ ЧУН БЯК[97)]

Родился в 1912 г. во Владивостоке. Окончил Ташкентский пединститут (1942). Работал директором школы в колхозе «Дальний Восток» Средне-Чирчикского района, парторгом этого же колхоза.

В 1945 г. направлен в Корею, работал преподавателем высшей школы по подготовке национальных кадров, сотрудником «Корейской газеты» (орган Приморского

---

97) Ким Б. Корейцы Узбекистана. Кто есть кто. – Т., 1995. – С. 75.

военного округа Советской Армии), начальником политотдела военно-политической школы в Пхеньяне.

Участник Корейской войны, командир 46-й армии КНА, генерал-майор. Затем начальник штаба 7-й армии КНА, член Военного совета армии.

Вернувшись в СССР, окончил Ташкентскую высшую партийную школу, был назначен директором совхоза «Алтынкуль» Кунградского района Каракалпаской АССР. Награждён орденами и медалями СССР, КНДР и Монголии.

◎ МЕН ВОЛЬ БОН(1913-1991)[98]

Родился в селе Сидими Приморского края. В 1935 г. поступил во Владивостокский корейский пединститут. В 1937 г. вуз был передислоцирован в Кзыл-Орду, где в 1939 г. он закончил учебу.

В 1948–1957 гг. работал в КНДР – заведующий кафедрой русского языка и литературы в военной академии, зам. редактора армейской газеты.

По возвращении в СССР окончил высшую партийную школу в Москве (1962), работал в газете «Ленин кичи» (*ныне «Коре ильбо»*), преподавал корейский язык в Ташкентском пединституте им. Низами. Автор книги «Очерки» (Сеул, 1990) и ряда научных работ по вопросам языкознания и

---

[98] Ким Б. Корейцы Узбекистана. Кто есть кто. – Т., 1995. – С. 75.

образования. Стихи опубликованы во многих сборниках в Алма-Ате и Сеуле.

◎ НАМ ИР (1913-1976)[99]

Родился 5 июня 1913 г. в селе Казакевичево Ивановского района Уссурийской области Дальневосточного края и был наречён Намом Яковым Петровичем. В 1932 г. начинает учительскую деятельность на Дальнем Востоке. В 1939 г. Нам закончил Томский государственный университет и перешёл на работу старшим преподавателем учительского института в Чимкенте (Казахская ССР).

С 1941 по 1943 гг. Я. Нам исполнял обязанности заведующего учебной частью и учителя в средней школе № 1 г. Карши (Узбекская ССР). С 1943 по 1946 гг. занимал должность заместителя, а затем заведующего Кашкадарьинского облоно. Был награждён медалью «За доблестный труд в Великой Отечественной войне».

В 1946 г. командирован в Северную Корею переводчиком и был прикреплён к Управлению Советской гражданской

---

99) Селиванов И. Н. Нам Ир (1913-1976): основные вехи биографии (по материалам российских архивов) – http://koryo-saram.ru/nam-ir-1913-1976-osnovnye-vehi-biografii-po-materialam-rossijskih-arhivov/)

администрации (СГА). Вскоре последовали новые назначения: зав. отделом департамента кадрового образования Народного комитета Северной Кореи, а потом зам. министра просвещения в образованной в сентябре 1948 г. КНДР. В том же году Нам Ир стал депутатом Верховного Народного собрания, а в 1950 г. был введен в состав ЦК ТПК.

С началом Корейской войны Нам Ир назначается начальником Генерального штаба КНА, получает звание генерала. С 1951 по 1953 гг. он одновременно возглавлял северокорейско-китайскую делегацию на переговорах о перемирии на Корейском полуострове, подписал от имени КНДР соглашение о перемирии, положившем конец военным действиям. Ему было присвоено воинское звание генерал-полковника КНА.

После окончания Корейской войны Нам Ир получил новое назначение – стал главой северокорейского внешнеполитического ведомства и занимал эту должность до 1959 г. Одновременно он рос и по партийной линии: в 1953–1956 гг. входил в состав Оргбюро ЦК ТПК.

В этот период произошли важные события в социалистическом лагере, связанные со смертью И.В. Сталина и попытками Ким Ир Сена отдалиться от чрезмерной опеки Москвы и Пекина.

На состоявшемся в апреле 1956 г. Третьем съезде ТПК Нам Ир был включён в состав Президиума (Политбюро) ЦК

ТПК и находился в этом качестве до 1970 г., когда на Пятом съезде партии его оттуда вывели.

Летом-осенью 1956 г. Нам Ир оказался в эпицентре важных событий, связанных с попытками Москвы и Пекина повлиять на внутреннюю ситуацию в КНДР. Сформировалась оппозиция Ким Ир Сену из числа выходцев из СССР и Китая. Нам Ир вновь занял сторону Ким Ир Сена.

Нам Ир за свою лояльность был вознаграждён новой должностью: с 1957 г. и вплоть до конца жизни он являлся заместителем Председателя Кабинета Министров (с 1972 г. – премьера Административного совета) КНДР.

С 1959 г. карьера Нам Ира постепенно пошла на спад. Его назначали на должности председателя Государственного комитета по делам строительства, затем министром железных дорог и, наконец, министром труда.

В 1962–1965 гг., в период заметного ухудшения советско-северокорейских отношений, Нам Ир был лишён возможности участвовать в заседаниях Политбюро ЦК ТПК. По сведениям, содержавшимся в материалах КГБ СССР, Нам Ира подозревали в шпионаже в пользу СССР.

7 марта 1976 г. было опубликовано сообщение о гибели Нам Ира в результате автокатастрофы. Была образована государственная похоронная комиссия, которую возглавил Ким Ир Сен.

◎ ХЕГАЙ АЛЕКСЕЙ ИВАНОВИЧ (Хо Га И)(1908-1953)[100]

Наиболее влиятельный среди всех находившихся в Северной Корее советских корейцев.

Родился в г. Хабаровске 18 марта 1908 года. В 1924 г. вступил в ВЛКСМ. В декабре 1930 г. вступил в партию.

В 1933–1936 гг. - ответственный комсомольский работник. В 1937–1944 гг. – на партийных постах в Ташкентской области Узбекистана.

Осенью 1945 г. был призван в армию и отправлен с группой советских корейцев в Пхеньян. К концу 1945 года, оставаясь гражданином СССР, был уже одним из высших руководителей Компартии Кореи.

В августе 1946 г. в результате слияния Коммунистической Партии Северной Кореи и Новой Народной Партии Северной Кореи была создана

С Ким Ир Сеном

---

100) Ланьков А. Н. КНДР вчера и сегодня. Неформальная история Северной Кореи. – М.: Восток-Запад, 2005. – С. 201-221.

С группой офицеров КНА

Трудовая партия Северной Кореи, Хо Га И вошёл в состав Политбюро и стал зав. Организационным отделом ЦК. В сентябре1948г. – п е р в ы й з а м е с т и т е л ь председателя Трудовой Партии Северной Кореи. Одновременно возглавил Контрольную комиссию. В 1949 г. произошло слияние Трудовых партий Северной и Южной Кореи. Во вновь созданной ТПК 1949 г. Ким Ир Сен занял пост Председателя партии, а Хо Га И – пост первого секретаря ЦК.

По инициативе Ким Ир Сена на IV пленуме ЦК ТПК Второго созыва (1-4 ноября 1951 г.), Хо Га И был снят со своего поста. Назначен заместителем Председателя кабинета министров.

2 июля 1953 г. погиб. В соответствии с официальным сообщением, А.И. Хегай покончил с собой, однако большинство экспертов склонны считать, что это было убийство.

◎ ЮСЕН ЧЕР(1918-1996)

одился в 1918 г. в селе Чапигоу Приморской области. В 1937 г. выселен в Казахскую ССР. В 1939–1941 гг. учился в Ташкенте.

Призван в РККА в сентябре 1941 г. в г. Ташкенте. В 1941–1943 гг. - курсант Высшей спецшколы Генштаба РККА, курсант спецшколы разведотдела Дальневосточного фронта. В 1943–1945 гг. - переводчик 88-й отдельной стрелковой бригады Дальневосточного фронта.

С октября 1945 г. по июнь 1960 г. на службе в КНА. Генерал-лейтенант КНДР. Начальник Оперативного Управления Генерального штаба КНА. Награжден орденами КНДР и Монголии.

После возвращения в СССР проживал в колхозе «Политотдел» и г. Ташкенте.[101]

---

101) Шин Д. В., Пак Б. Д., Цой В. В. Советские корейцы на фронтах Великой Отечественной войны 1941-1945 гг. – М.: ИВ РАН, 2011. – С. 595-596.

4. Корейцы в органах КПСС, законодательной и исполнительной власти

1) Историческая справка

Ни в одной стране мира представители корейской диаспоры не занимали таких высоких должностных позиций в системе власти, как в СССР и прежде всего в Средней Азии. Если учесть ограничение их в правах в рамках сталинской политики и их статус «не привилегированного» этнического меньшинства, этот феномен становится особенно удивительным.

Если говорить о корейцах Узбекистана в органах исполнительной власти, то среди них в советский период были министры и заместители министров республики: министр местной промышленности (В. А. Чжен), председатель Госкомитета по рыбному хозяйству (Х. Т. Тен), зам. министра строительства (Н. Д. Тен), зам. министра хлебопродуктов (Н. Л. Тен), зам. министра плодоовощного хозяйства (Х. Т. Тен), зам. министра геологии и минеральных ресурсов (Р. В. Цой).

В высших органах законодательной власти корейцы были представлены в Верховном Совете СССР (А. Кан, Л. Ли, В. И. Цо), в Верховном Совете Узбекской ССР (Ким Пен Хва,

Хван Ман Гым, Шин Ден Дик, Тен Хайгюн, Н. В. Ким), в областных, городских и районных советах.

Корейцы также были представлены в партийных органах различных уровней.

2) Персоналии

◎ КИМ ДУ ЧИР (1914-1983)[102]

Родился в 1914 г. в селе Хонмоу Дальневосточного края. Окончил редакционно-издательский техникум (Москва, 1936 г.), работал в издательстве «Иностранный рабочий» техническим редактором, служил в армии.

Окончил Ташкентский юридический институт (1942), До 1953 г. работал в органах прокуратуры Ташкентской области, в том числе прокурором Нижне-Чирчикского района.

С 1953 по 1975 гг. – собственный корреспондент газеты «Ленин кичи». Автор стихов на корейском языке. Автор пьес, поставленных в Казахском корейском театре.

◎ КИМ КОНСТАНТИН АЛЕКСЕЕВИЧ (1928-2006)[103]

Родился в 1928 г. в селе Ольгинского района Приморского

---

102) Ким Б. Корейцы Узбекистана. Кто есть кто. – Т., 1995. – С. 48.

103) Константин Алексеевич Ким - председатель Совета старейшин АККЦ РУз // Наши герои. Вып. 1. – Т.: Истиклол, 2006. – С. 259-260; Константин Алексеевич Ким // Наши герои. Вып. 2. – Т.: Истиклол, 2009. – С. 91-98.

края. Во время войны работал на трудовом фронте. Окончил исторический факультет Ташкентского государственного педагогического института (1951).

Работал в школах Ташкентской области (учителем, завучем), зав. отделом Средне-Чирчикского райкома КПСС, секретарём парткома колхоза «Полярная звезда», 2-м секретарём Аккурганского райкома партии, председателем райкома профсоюзов работников сельского хозяйства.

Награждён орденами и медалями. После ухода на пенсию возглавлял Фонд Ким Пен Хва, а также Совет старейшин Ассоциации корейских культурных центров Узбекистана.

◎ КИМ НИКОЛАЙ ВАСИЛЬЕВИЧ (1904–1988)[104]

Родился в 1904 г. в селе Синельниково Приморского края. Служил в армии (1926– 1928), учился в краевой партшколе, работал в партийных органах.

После переселения работал в партийных органах в Хорезмской области. Работал зам. директора МТС, секретарём Гурленского, Кошкупырского, Ургенчского, Янгибазарского райкомов партии, зав. отдела обкома КПСС, возглавлял облсельхозуправление и облобъединение «Узсельхозтехника». Четверть века проработал директором совхоза имени Аль-Хорезми Ханкайского района. Под

---

104) Ким Б. Корейцы Узбекистана. Кто есть кто. – Т., 1995. – С. 54.

руководством Н. В. Кима совхоз стал флагманом рисоводства в Узбекистане.

Неоднократно избирался депутатом районных и областного советов, а также – Верховного Совета Узбекской ССР XI созыва. Награждён орденами Ленина, Октябрьской революции, Дружбы народов, четырьмя «Знак Почёта», другими наградами.

◎ КИМ ПЕН ХВА (1905-1974) [105]

Выдающийся руководитель сельского хозяйства.

Депутат Верховного Совета Узбекской ССР II-VII созывов.

Родился в 1905 г. в селе Чапигоу Никольск-Уссурийского уезда Приморской области.

В 1940 г. возглавил колхоз «Полярная Звезда» Ташкентской области. Под его руководством колхоз стал крупным высокопроизводительным предприятием, одним из лучших в СССР.

Дважды Герой Социалистического Труда (указы ВС СССР от 1949 и 1951 гг.). Награждён четырьмя орденами Ленина,

---

105) Тен Е. Легенда о Ким Пен Хва. – Т.: Истиклол, 2005. – 136 с.; Ким Пен Хва и колхоз «Полярная звезда». – М.: Институт востоковедения РАН, 2006. – 288 с.

орденами Октябрьской Революции, Трудового Красного Знамени, «Знак Почета», и другими наградами.

◎ ЛИ ЛЮБОВЬ[106)]

Родилась в 1924 г. в Буденновском районе Приморского края.

В 1962–70 гг. – депутат Верховного Совета СССР.

Бригадир кукурузоводческой бригады в колхозе «Политотдел» Ташкентской области. Добилась выдающихся успехов в выращивании кукурузы.

Герой Социалистического Труда (1962).

◎ ЛИ НИКОЛАЙ СЕРГЕЕВИЧ[107)]

Родился в 1931 г. в Спасском районе Дальневосточного края. Окончил Ташкентский текстильный институт (1954). Работал в Алмалыкском горно-металлургическом комбинате (старший инженер, конструктор, руководитель механической службы).

Зав. промышленно-транспортным отделом Алмалыкского горкома КПСС (1964), инструктор обкома КПСС Ташкентской

106) Ким Б. Корейцы Узбекистана. Кто есть кто. – Т., 1995. – С. 73.

107) Николай Сергеевич Ли - заместитель председателя Совета старейшин АККЦ РУз // Наши герои. Вып. 1. – Т.: Истиклол, 2006. – С. 262-263.

области (1971), начальник управления Министерства автотранспорта Узбекской ССР, директор ремонтно-производственного объединения "Узвторцветмет" (1976).

Награждён орденом «Знак Почёта», медалями. Почётный автортранспортник Узбекистана. Был зам. председателя Совета старейшин АККЦ РУз.

◎ ЛИ ФЕДОР СЕРГЕЕВИЧ[108)]

Родился в 1932 г. а селе Михайловка Ольгинского района Приморского края. Окончил Московскую ветеринарную академию (1956). С 1966 г. директор Кувайсайской птицефабрики (Ферганская область), а с 1987 г. после преобразования фабрики – Генеральный директор Кувайсайского птицеводческого объединения.

Неоднократно избирался депутатом областного совета.

Награждён орденами Октябрьской Революции, Трудового Красного Знамени, медалями.

◎ ПАК ВЛАДИМИР ИРЕНОВИЧ(1947-1995)[109)]

Родился в Гурьевской области. Избирался депутатом Чирчикского городского совета.

По окончании Ташкентского политехнического института

---

108) Ким Б. Корейцы Узбекистана. Кто есть кто. – Т., 1995. – С. 75.
109) Ким Б. Корейцы Узбекистана. Кто есть кто. – Т.,1995. – С.86.

(1972) работал на Узбекском комбинате тугоплавких и жаропрочных металлов (г. Чирчик) – начальником участка, технологом, начальником цеха, главным инженером, с 1990 года – директором.

Имел степень кандидата технических наук (1990).

◎ ПАК НИКОЛАЙ ИВАНОВИЧ[110)

Родился в 1923 г. село Бородино Приморского края.

Депутат облсовета Ташкентской области трёх созывов.

Окончил Ташкентский сельскохозяйственный институт. С 1955г. – зампредседателя колхоза им. Будённого, с 1962 г. – «Заря коммунизма», с 1992 г. – «Гулистан» Куйичирчикского района. В 1964–88 гг. – председатель колхоза «Победа».

Награждён двумя орденами Трудового Красного Знамени и двумя – «Знак Почёта», другими наградами.

◎ ТЕН ХАЙ-ГЮН ТОРАНОВИЧ[111)

Родился в 1922 г. в с. Таудими Сучанского района Приморского края. Окончил Ташкентский юридический институт (1948).

---

110) Ким Б. Корейцы Узбекистана. Кто есть кто. – Т.,1995. – С.89.

111) Ким Г. С. Хай-гюн Торанович Тен - член Президиума Совета старейшин АККЦ Республики Узбекистан, 1922 года рождения, уроженец с. Таудими Сучанского района Приморского края // Наши герои. Вып. 1. – Т.: Истиклол, 2006. – С. 262-263; Ким Б. Корейцы Узбекистана. Кто есть кто. – Т.,1995. – С.102-103.

Работал в Туракурганском районе Наманганской области прокурором, начальником райводхоза, 2-м секретарём партии, председателем райисполкома. Был председателем совхоза «Гульбах» Задарьинского района. В 1968–1975 гг. – первый заместитель председателя Наманганского облисполкома, затем до 1982 г. – первый заместитель министра плодоовощного хозяйства Узбекской ССР. В 1983–1989 гг. – председатель Государственного комитета рыбного хозяйства при Совете Министров Узбекской ССР.

До выхода на пенсию (1992 г.) работал помощником Председателя Верховного Совета, референтом Верховного Совета Республики Узбекистан.

Входил в состав оргкомитета по созданию Республиканского корейского культурного центра, в последние годы жизни – член Президиума Совета старейшин АККЦ Республики Узбекистан.

Награждался орденом Ленина, четырежды – орденом Трудового Красного Знамени. Избирался депутатом Верховного Совета Узбекской ССР VI, VII, VIII, XII созывов.

◎ ЦОЙ РЕМИР ВАЛЕНТИНОВИЧ(1935-1996)[112]

Родился в г. Уссурийске Приморского края. Окончил Петрозаводский государственный университет. Работал

---

[112] Хегай С. И. Ремир Валентинович Цой (1935-1996) // Наши герои. Вып. 1. – Т.: Истиклол, 2006. – С. 186-201.

геологом, начальником геологической партии в Читинской области, главным геологом Кокпотавской и Кашкадарьинской геологоразведочных экспедиций.

В 1969-1990 гг. – главный геолог, заместитель генерального директора Самаркандского производственного геологического объединения.

Заместитель председателя Государственного комитета Узбекистана по геологии и минеральным ресурсам (1990-1997), председатель Государственной комиссии по запасам полезных ископаемых.

Заслуженный геолог Республики Узбекистан. Лауреат Государственной премии СССР (1986).

◎ ХЕГАЙ АЛЕКСЕЙ ИВАНОВИЧ (Хо Га И)(1908-1953)[113]

Родился в г. Хабаровске 18 марта 1908 года. В 1924 г. вступил в ВЛКСМ. В декабре 1930 г. вступил в партию. Вскоре А. И. Хегай стал профессиональным комсомольским работником.

В мае 1933 г. направлен в г. Кинешму (районный центр в нескольких сотнях километров от Москвы), где до сентября

---

113) Ланьков А. Н. КНДР вчера и сегодня. Неформальная история Северной Кореи. – М.: Восток-Запад, 2005. – С. 201-221.

1934 г. работал 2-м секретарём районного комитета ВЛКСМ. В сентябре 1934 г. уехал в Москву учиться в Всесоюзном коммунистическом сельскохозяйственном университете имени Свердлова. 10 июля 1935 г. он был отчислен из университета «по семейным обстоятельствам». Вернулся на Дальний Восток, где вновь стал крупным комсомольским работником.

С февраля 1936 г. – зав. организационным отделом Амурского областного комитета ВЛКСМ. С конца 1936 г. – 1-й секретарь комсомола Посьетского района. Через полгода – 2-й секретарь райкома партии в Посьетском районе.

В 1937 г. был исключён из партии за «связь с врагами народа». В этом же году в процессе насильственного переселения был отправлен в Среднюю Азию. Со своей семьёй оказался в г. Янгиюле. В 1939 г. был восстановлен в ВКП (б). Работал в Янгиюле помощником секретаря райкома, инструктором райкома, зав. организационным отделом, а с лета 1941 г. – 2-м секретарём райкома. В конце 1941 г. переведён в Нижне-Чирчикский район, где был 2-м секретарём райкома ВКП (б). В 1943 г. – зам. секретаря парткома на строительстве крупной Фархадской ГЭС. Зимой 1944–1945 гг. руководил строительством гидроэлектростанций в корейских деревнях под Ташкентом.

Осенью 1945 г. был призван в армию и отправлен с группой советских корейцев в Пхеньян. Был одним из высших руководителей КНДР: член Политбюро Трудовой партии Северной Кореи, зав. Организационным отделом ЦК, первый заместитель председателя Трудовой Партии Северной Кореи, первый секретарь ЦК, заместитель Председателя кабинета министров.

2 июля 1953 г. погиб. В соответствии с официальным сообщением, А.И. Хегай покончил с собой, однако большинство экспертов склонны считать, что это было убийство.

◎ ХВАН МАН ГЫМ (1921-1997)[114]

Член ЦК КП Узбекской ССР, Президиума Верховного Совета Узбекской ССР, депутат Верховного Совета Узбекской ССР шести созывов.

Родился в г. Владивосток Приморского края. Работал заготовителем Янгиюльского хлопкозавода, директором подсобного хозяйства Ташкентской железной дороги, председателем колхоза «Ленинский путь», завотделом Верхне-Чирчикского райкома партии. В 1960 г. окончил высшую партийной школы при ЦК КПСС.

---

114) Ким Б. Корейцы Узбекистана. Кто есть кто. – Т., 1995. – С. 111.

В 1953 г. возглавил колхоз «Политотдел» Верхнечирчикского района Ташкентской области. Под его руководством колхоз стал одним из высокопроизводительных и рентабельных хозяйств бывшего Союза.

Герой Социалистического Труда (1957), лауреат Государственной премии Совета Министров СССР (1983). Награждён тремя орденами Ленина, орденом Октябрьской Революции, другими наградами.

В период так называемого «хлопкового дела», Хван Ман Гым был необоснованно арестован, три с половиной года пробыл в заключении без суда. В 1991 г. суд отверг все обвинения в его адрес и полностью оправдал.

В последние годы являлся почётным председателем колхоза «Политотдел».

5. Корейцы в сельском хозяйстве

1) Историческая справка

Свыше 130 корейцев Узбекистана стали обладателями самого высокого в СССР звания "Герой Социалистического Труда" за выдающиеся достижения в области сельского хозяйства. Сотни получили разного рода ордена, медали и почётные звания.

Высокие урожаи достигались корейскими колхозниками

Пак Гван Ок. Звеньевая колхоза им. Буденного. Получила Героя Социалистического Труда в 1949 г. за высокие урожая риса.

не только в традиционных для них культурах (рис, бобовые и др.), но и в хлопководстве.

Корейцы также добились рекордных урожаев пшеницы, сахарной свеклы, картофеля, кенафа, лука, бахчевых и т. д.

Признанием организационных способностей корейцев в аграрном секторе стал тот факт, что десятки колхозов и совхозов в республиках Центральной Азии было доверено руководить корейцам. Корейцы также занимали высокие должностные посты в сфере сельского хозяйства на районном, областном, республиканском и всесоюзном уровнях. Это такие высокие посты, как председатель Государственного комитета по рыбному хозяйству Узбекистана (*Х. Т. Тен*), заместитель министра хлебопродуктов Узбекистана (*Н. Д. Тен*), заместитель министра плодоовощного хозяйства Узбекистана (*Х. Т. Тен*), председатель республиканской Ассоциации пчеловодства Узбекистана (*М. И. Юн*), начальник отдела зерновых культур Министерства сельского хозяйства Каракалпакстана (*Н. Н. Тян*) и другие.

Корейцы – Герои Социалистического Труда

1968 г. На уборке кенафа. Ташкентская область.

Посевная в колхозе им. Свердлова

2) Персоналии

◎ КИМ ГВАН ТХЭК(1898-1957)[115]

Родился в Корее (провинция Хамген Пукто). Окончил военно-политические курсы в Москве (1931). Служил в РККА политруком взвода, заместителем командира учебного батальона. Получил из рук Маршала Советского Союза Блюхера именные часы.

После демобилизации работал в Приморье в рыболовецкой артели. После переселения в Узбекистан

---

115) Ким Б. Корейцы Узбекистана. Кто есть кто. – Т., 1995. – С. 45.

артель была размещена в Средне-Чирчикском районе Ташкентской области и преобразована в колхоз. Ким Гван Тек возглавлял правление колхоза в 1937– 1944 и 1949– 1950 гг. Являлся также председателем колхоза «Сталинская конституция».

В 1946–1948 гг. – директор областного корейского театра, который размещался в колхозе «Авангард».

◎ КИМ ДМИТРИЙ АЛЕКСАНДРОВИЧ(1918-1986)[116]

Родился в 1918 г. в селе Нижняя Янчихэ Посьетского района Приморского края. Закончил рабфак Томского мукомольного института.

После переселения 1937 г. работал в колхозе имени Свердлова Верхне-Чирчикского района Ташкентской области: бухгалтером, зам. председателя, а с 1945 г., вплоть до выхода на пенсию, председателем. Под руководством Д. А. Кима колхоз добился выдающихся успехов в урожайности кенафа, риса, хлопка, зерновых, животноводстве. 22 члена колхоза удостоены звания Герой Социалистического Труда.

---

116) Ли И. И. Дмитрий Александрович Ким - бывший председатель колхоза им. Ахмада Яссави Юкочирчикского района // Наши герои. Вып. 1. – Т.: Истиклол, 2006. – С. 110-121; Ким Б. Корейцы Узбекистана. Кто есть кто. – Т., 1995. – С. 47.

Герой Социалистического Труда (1951), «Заслуженный хлопкороб Узбекской ССР» (1964), награждался орденами Ленина, Трудового Красного Знамени, «Знак Почёта», медалями. Неоднократно избирался депутатом районного и областного советов.

◎ КИМ ЕН ЧЕР[117)]

Родился 7 ноября 1914 г. в г. Сучан Приморского края. В 1937 г. с семьёй был выселен в Узбекистан.

Работал заместителем председателя колхозов "Искра" Бекабадского района и "Правда" Верхне-Чирчикского района Ташкентской области.

Награждён орденами Трудового Красного Знамени, «Дружба Народов», «Знак Почёта» и медалями.

Автор драматургических произведений, поставленных самодеятельными корейскими театрами.

◎ КИМ НИКОЛАЙ ВАСИЛЬЕВИЧ (1904-1988)[118)]

Родился в 1904 г. в селе Синельниково Приморского края. Служил в армии (1926-1928), учился в краевой партшколе, работал в партийных органах.

После переселения работал в партийных органах в

---

117) Ким Б. Корейцы Узбекистана. Кто есть кто. – Т., 1995. – С. 48.

118) Ким Б. Корейцы Узбекистана. Кто есть кто. – Т., 1995. – С. 54.

Хорезмской области, возглавлял облсельхозуправление и облобъединение «Узсельхозтехника». Четверть века проработал директором совхоза имени Аль-Хорезми Ханкайского района. Под руководством Н. В. Кима совхоз стал флагманом рисоводства в Узбекистане.

Неоднократно избирался депутатом районных и областного Советом, а также – Верховного Совета Узбекской ССР XI созыва. Награждён орденами Ленина, Октябрьской революции, Дружбы народов, четырьмя «Знак Почёта», другими наградами.

◎ КИМ ПЕН ХВА (1905-1974)[119]

Выдающийся руководитель сельского хозяйства.

Родился в 1905 г. в селе Чапигоу. В годы гражданской войны участвовал в борьбе против японских интервентов. Окончил Московское военное пехотное училище (1932). Командир роты 76-го стрелкового полка 26-й Казанской стрелковой дивизии. В 1937 г. его лишили воинского звания, отобрали партбилет и заключили под стражу.

После реабилитации и демобилизации 1939 г. переехал в Узбекскую ССР. В 1940 г. возглавил колхоз «Полярная Звезда» Ташкентской области. Под его руководством колхоз стал крупным высокопроизводительным предприятием, одним

---

119) Тен Е. Легенда о Ким Пен Хва. – Т.: Истиклол, 2005. – 136 с.

из лучших в СССР. С 1949 по 1957 гг. 26 колхозников «Полярной Звезды» удостоились звания Героя Социалистического Труда. Таких показателей не имел ни один колхоз в СССР.

Дважды Герой Социалистического Труда (указы ВС СССР от 1949 и 1951 гг.) Награжден четырьмя орденами Ленина, орденами Октябрьской Революции, Трудового Красного Знамени (2), «Знак Почёта», и другими наградами. Заслуженный хлопкороб Узбекской ССР (1964).

Депутат Верховного Совета Узбекской ССР II-VII созывов.

◎ ЛИ ЛЮБОВЬ[120]

Родилась в 1924 г. в Будённовском районе Приморского края.

Бригадир кукурузоводческой бригады в колхозе «Политотдел» Ташкентской области. Добилась выдающихся успехов в выращивании кукурузы. Закончила Ташкентский сельхозинститут (1970).

Герой Социалистического Труда (1962). В 1962– 70 годах – депутат Верховного Совета СССР.

Первый в мире космонавт Юрий Гагарин в колхозе «Политотдел». Справа от него Л. Ли.

---

120) Ким Б. Корейцы Узбекистана. Кто есть кто. – Т., 1995. – С. 73.

Пребывание делегации Пакистана в колхозе "Политотдел", среди присутствующих: председатель колхоза Ман Гым Хван, президент Пакистана Мухаммед Айюб Хан, бригадир колхоза Л.Ли, Председатель СМ УзССР Р.К.Курбанов (1966 г.).

◎ ЛИМ МЕН ГЫК(1905-1975)[121]

Родился в Корее. После переселения семья оказалась в кишлаке Шуркикишлак Наманганской области.

Выдающийся хозяйственник, председатель корейского колхоза "Гигант" Задарьинского района Наманганской области.

Герой Социалистического Труда (1957). Под руководством Лим Мен Гыка в колхозе были достигнуты высокие показатели в сельском хозяйстве.

---

121) Цай А. Лим Мен Гык - бывший председатель колхоза "Гигант" Наманганской области (1905-1975) // Наши герои. Вып. 1. – Т.: Истиклол, 2006. – С. 122-125.

◎ ЛИ ФЁДОР СЕРГЕЕВИЧ[122]

Родился в 1932 г. в селе Михайловка Ольгинского района Приморского края. Окончил Московскую ветеринарную академию (1956).

Работал завотделом животноводства опытной станции (Биробиджан), главным зоотехником в ряде хозяйств и управлений Ферганской области.

С 1966 г. директор Кувайсайской птицефабрики (Ферганская область), а с 1987 г. после преобразования фабрики – генеральный директор Кувайсайского птицеводческого объединения.

Награждён орденами Октябрьской Революции, Трудового Красного Знамени, медалями.

Неоднократно избирался депутатом облсовета.

◎ ЛИ ЧУН БЯК[123]

Родился в 1912 г. во Владивостоке. Окончил Ташкентский пединститут (1942). Работал директором школы в колхозе «Дальний Восток» Средне-Чирчикского района, парторгом этого же колхоза. В 1945 г. направлен в Корею, работал преподавателем высшей школы по подготовке национальных кадров, сотрудником «Корейской газеты»

---

122) Ким Б. Корейцы Узбекистана. Кто есть кто. – Т., 1995. – С. 75.

123) Ким Б. Корейцы Узбекистана. Кто есть кто. – Т., 1995. – С. 75.

(орган Приморского военного округа Советской Армии), начальником политотдела военно-политической школы в Пхеньяне. Участник Корейской войны, командир 46-й армии КНА, генерал-майор. Затем начальник штаба 7-й армии КНА, член Военного совета армии.

Вернувшись в СССР, закончил Ташкентскую высшую партийную школу, был назначен директором совхоза «Алтынкуль» Кунградского района Каракалпакской АССР. Награждён орденами и медалями СССР, КНДР и Монголии.

◎ НАМ ХЫН ДЮН[124]

Родился в 1912 г. в селе Чапигоу Уссурийской области. Окончил Хабаровскую высшую сельскохозяйственную школу (1935). После переселения с 1937 по 1966 гг. – зам. председателя, председатель колхоза имени Сталина Гурленского района Хорезмской области.

Награждён орденами Ленина, Трудового Красного Знамени, пятью медалями. Его имя носит школа в Гурленском районе. Заслуженный хлопкороб Узбекистана.

◎ НО БЕН ИН[125]

Родился в 1922 г. в Приморье. Выпускник Ташкентского

---

124) Ким Б. Корейцы Узбекистана. Кто есть кто. – Т.,1995. – С. 80.
125) Ким Б. Корейцы Узбекистана. Кто есть кто. – Т.,1995. – С.81.

сельскохозяйственного института (1946). Работал главным зоотехником в совхозе «50 лет Октября» Избасканского района Андижанской области. Награждён орденами Красного Знамени, «Дружбы Народов», медалями. Заслуженный зоотехник Узбекистана (1972).

◎ ПАК И ЧУН (1904-1974)[126]

Родился в Корее. Окончил Дальневосточную краевую советско-партийную школу (1932). Один из организаторов и первый председатель колхоза «Пуциловка» Уссурийского района.

После переселения в Узбекистан возглавлял колхозы имени Сталина. «Гулистан», совхоз «Янгиабад» Гурленского района Хорезмской области.

Награждён орденом Ленина.

◎ ПАК КЕН ЧЖО (1886-1962)[127]

Народный селекционер, создатель знаменитого сорта «кенчжо». Уроженец Кореи. В 1925 году переехал в Узбекистан и создал сельхозартель «Ирсим», впоследствии преобразованная в колхоз «Политотдел». Названный его именем сорт риса – «политотдельский кенчжо» – по своим

---

126) Ким Б. Корейцы Узбекистана. Кто есть кто. – Т.,1995. – С.88.
127) Ким Б. Корейцы Узбекистана. Кто есть кто. – Т.,1995. – С.88.

вкусовым качествам и поныне не имеет равных.

◎ ПАК НИКОЛАЙ ИВАНОВИЧ[128]

Родился в 1923 г. в селе Бородино Приморского края. Окончил Ташкентский сельскохозяйственный институт. С 1955 г. – зам. председателя колхоза им. Будённого, с 1962 г. – «Заря коммунизма», с 1992 г. – «Гулистан» Куйичирчикского района. В 1964-88 гг. – председатель колхоза «Победа».

Награждён двумя орденами Трудового Красного Знамени и двумя – «Знак Почёта», другими наградами.

Депутат облсовета трёх созывов.

◎ ХВАН МАН ГЫМ (1921-1997)[129]

Родился в г. Владивосток Приморского края. Трудовую деятельность начал после переезда в Узбекистан в качестве заготовителя Янгиюльского хлопкозавода. Затем работал директором подсобного хозяйства Ташкентской железной дороги, председателем колхоза «Ленинский путь», завотделом Верхне-Чирчикского райкома партии. В

---

128) Ким Б. Корейцы Узбекистана. Кто есть кто. – Т.,1995. – С.89.

129) Ким Б. Корейцы Узбекистана. Кто есть кто. – Т.,1995. – С. 111.

Визит Первого секретаря ЦК КПСС Н. С. Хрущева в «Политотдел»

Визит Генерального секретаря ЦК КПСС Л. И, Брежнева в «Политотдел»

Визит руководителя Вьетнама Хо Ши Мина в «Политотдел»

1960 г. окончил высшую партийную школы при ЦК КПСС.

В 1953 г. возглавил колхоз «Политотдел» Верхне-Чирчикского района Ташкентской области. Под его руководством колхоз стал одним из высокопроизводительных и рентабельных хозяйств СССР. На протяжении десятилетий колхоз находился в авангарде научно-технического прогресса, а уровень благосостояния колхозников, развития культуры, образования, здравоохранения, спорта значительно превышал среднесоюзные показатели.

Избирался членом ЦК КП Узбекской ССР, Президиума Верховного Совета Узбекской ССР, депутатом Верховного Совета Узбекской ССР шести созывов.

Герой Социалистического Труда (1957), лауреат

Государственной премии Совета Министров СССР (1983). Награждён тремя орденами Ленина, орденом Октябрьской Революции, другими правительственными наградами.

В период так называемого «хлопкового дела» Хван Ман Гым был необоснованно арестован, три с половиной года пробыл в заключении без суда. В 1991 году суд отверг все обвинения в его адрес и полностью оправдал.

В последние годы являлся почётным председателем колхоза «Политотдел», активно участвовал в делах Ассоциации корейских культурных центров Узбекистана.

6. Корейцы в промышленности и строительстве

1) Историческая справка

Наряду с сельскохозяйственными достижениями, корейцы внесли существенный вклад и в другие сферы экономики республик Центральной Азии. Они возглавляли промышленные ассоциации республиканского значения и занимали высокие посты в различных секторах государственных структур.

Корейцы также занимали посты директоров многих промышленных предприятий: Алмалыкского завода металлических конструкций (*Ф. М. Ким*), Андижанского завода "IrMach" (*В. Г. Пак*), Ахангаранского завода строительной пластмассы (*Л. Х. Пяк*), Маргиланского завода металлоизделий (*М. Ч. Ким*), Нукусского завода безалкогольных напитков и пива (*В. М. Ким*), Ташкентского агрегатного завода (*Э. В. Тен*), Ташкентской фабрики спортивных товаров (*Тян Хак Пон*), Тахиаташского ремонтно-механического завода строительных конструкций (*Н. Д. Цхай*), Той-Тепинского завода металлоконструкций (*В. В. Шин*), Узбекского комбината тугоплавких и жаропрочных металлов (*В. И. Пак*), завода «Хлопкомаш» (*В. А. Чжен*) и другие.

2) Персоналии

◎ КАН ПАВЕЛ ХАРИТОНОВИЧ (1931-1996)[130]

Родился 7 ноября 1931 г. в селе Иман Хабаровского края. В 1937 г. с семьёй был выселен в Узбекистан.

В 1954 г. окончил филиал Одесского гидротехнического института, а в 1976 г., без отрыва от производства,

---

130) Лим М. С. Павел Харитонович Кан - строитель и освоитель Голодностепской целины, кандидат технических наук (1931-1996) // Наши герои. Вып. 1. – Т.: Истиклол, 2006. – С. 86-93.

Ташкентский институт народного хозяйства.

В 1954–1957 гг. работал мастером, затем прорабом строительного участка, главным инженером, начальником СМУ № 1 Каракалпакского строительного треста.

В 1957–1962 гг. – начальник участка СМУ № 6 г. Джизака, затем – начальник цеха, начальник отдела капитального строительства Джизакского комбината строительных материалов и конструкций.

В 1962–1977 гг. – директор Янгиерского комбината железобетонных изделий.

В 1976 г. – заместитель начальника «Средазирсовхозстрой» (Среднеазиатское управление по ирригации и строительству совхозов) по промышленности. В 1977–1980 гг. – начальник «Джизакстепстрой», в 1980–1984 гг. – первый заместитель начальника «««Главсредазирсовхозстрой».

Кандидат технических наук (1982). Автор монографии «Бетоны для мелиоративного строительства». Лауреат Государственной премии СССР (1983), за разработку и внедрение методов комплексного освоения пустынных земель Средней Азии.

После распада СССР - активист корейского движения, вице-президент, президент «АСОК»-МКА «Единство» («Бомминрён»). Награждён медалью «Объединение Кореи» КНДР.

◎ ЛИ НИКОЛАЙ СЕРГЕЕВИЧ[131)]

Родился в 1931 г. в Спасском районе Дальневосточного края. Окончил Ташкентский текстильный институт (1954 г.). Работал в Алмалыкском горно-металлургическом комбинате (старший инженер, конструктор, руководитель механической службы). Зав. промышленно-транспортным отделом Алмалыкского горкома КПСС (1964), инструктор обкома КПСС Ташкентской области (1971), начальник управления Министерства автотранспорта Узбекской ССР, директор ремонтно-производственного объединения "Узвторцветмет" (1976).

Награждён орденом «Знак почёта», медалями. Почётный авортранспортник Узбекистана. Был зам. председателя Совета старейшин АККЦ РУз.

◎ ПАК ВЛАДИМИР ИРЕНОВИЧ (1947-1995)[132)]

Родился в Гурьевской области. По окончании Ташкентского политехнического института (1972) работал на Узбекском комбинате тугоплавких и жаропрочных металлов (г. Чирчик) – начальником участка, технологом, начальником цеха, главным инженером, с 1990 года –

---

131) Николай Сергеевич Ли - заместитель председателя Совета старейшин АККЦ РУз // Наши герои. Вып. 1. – Т.: Истиклол, 2006. – С. 262-263.

132) Ким Б. Корейцы Узбекистана. Кто есть кто. – Т.,1995. – С.86.

директором.

Имел степень кандидата технических наук (1990). Избирался депутатом Чирчикского городского Совета.

7. Корейцы в науке и образовании

1) Историческая справка

В науке и образовании корейцы Узбекистана образовали внушительную прослойку. Среди них академики Республики Узбекистан, член-корреспонденты АН Узбекской ССР; ректоры, проректоры, деканы и заведующие кафедрами высших учебных заведений; директора и заместители директоров, заведующие отделами, секторами и лабораториями научно-исследовательских и проектных институтов; директора школ и средних специальных учебных заведений.

Первые корейские диссертации появляются уже в начале 1950-х. Корейцы защищают диссертации на степени кандидатов (PhD) и докторов наук (Dr. Habil.) в области физики, математики, геологии, инженерии, сельского хозяйства, ветеринарных наук, географии, химии, биологии, медицины, фармацевтики, философии, истории, экономики, политологии, права, филологии, педагогики и искусствоведения. Всего корейцами Узбекистана, согласно справочнику корейских учёных Узбекистана, защищено более 300 диссертаций.

2) Персоналии

◎ КИМ БЕН СУ (1912 – 1982)[133]

■ Из автобиографии Ким Бен Су (1956 г):

«Я, Ким Бен Су, родился в 1912 году в с. Подушка, Шкотовского района Приморского края <⋯>. С шести лет стал учиться грамоте у своего дедушки, так что в 1923 году поступил сразу во второй класс Синхенчонской начальной школы. Через четыре года стал учеником Пуцилловской ШКМ, по окончанию которой поступил на курсы учителей начальных классов, и стал работать в школе. Зимой 1931 года подал документы на подготовительное отделение в сельхозинститут, которое открылось при рабфаке в с. Черниговка. После курсов продолжил учебу в сельхозинституте в Благовещенске.

Весной 1933 года вынужден был взять академический отпуск по болезни <⋯>. В институт я больше не вернулся и

---

133) Учитель, пред именем твоим//Наши герои. Вып. 4. – Т.: Чинор ЭНК, 2015. – С. 34-38.

Ким Бен Су (в центре) со студентами отделения корейского языка

Преподаватели корейского языка - Ким Бен Су и В.Ф. Кан (второй и третий слева), а также Хо Ум Бе (второй справа).

пошёл учиться на подготовительные курсы учителей средних школ во Владивостоке, а осенью меня назначили заведующим начальной школы в с. Синхенчон. С октября 1934 года по январь 1935 года работал учителем начальной школы во Флегонтовской ШКМ Черниговского района, а осенью поступил на литературный факультет Дальневосточного пединститута в г. Благовещенске.

В 1937 году <···> попал в Ташкентскую область, где вскоре продолжил учёбу в Ташкентском пединституте. Окончив его в 1940 году, преподавал русский язык и литературу в средних школах.

В августе 1949 года <···> меня перевели в НИИ педнаук, где в качестве младшего научного сотрудника ведал вопросами школ в местах компактного проживания корейцев <···>. В октябре 1951 года, когда был объявлен набор добровольцев в Сахалинскую область, решил тоже написать заявление. ···Работал учителем, но через год меня перевели в Сахалинское облоно на должность инструктора по корейским школам. 1952-53-й учебный год я провёл завучем и учителем корейского и русского языков в Южно-Сахалинской средней школе. Получив 6-месячный отпуск, я поехал в Москву и в июне 1954 года в институте востоковедения защитил кандидатскую диссертацию на тему «Сказуемое в современном корейском языке».

В данное время продолжаю работать в средней школе, хотя по стажу работы могу выйти на пенсию. В свободное время готовлю докторскую диссертацию «Синтаксис предложения на корейском языке».

<···> В 1956 году вернулся с семьёй в Узбекистан и стал преподавать корейский язык в Ташкентском пединституте,

который когда-то сам окончил. Стал первым заведующим кафедрой корейского языка и литературы.

◎ КИМ ВЛАДИМИР АЛЕКСЕЕВИЧ[134]

Кандидат педагогических наук (1980). Тема диссертации: "Формирование контратакующих действий в борьбе самбо и дзюдо". Автор учебного пособия по узбекскому национальной борьбе – курашу. Работал доцентом кафедры борьбы в Ташкентском институте физкультуры.

Родился в 1931 г. в г. Алдане Якутской АССР. Учился в Московском и Казахском институтах физкультуры.

Неоднократный чемпион Казахстана и Узбекистана по самбо. Заслуженный тренер республики (1978). Судья международной категории по самбо и дзюдо.

Инициатор возрождения корейской национальной борьбы *сирым* в Узбекистане. Вице-президент Федерации сирым Узбекистана.

◎ КИМ ВЛАДИМИР ВАСИЛЬЕВИЧ[135]

Родился в 1929 г. Бикинском районе Хабаровского края. В 1937 г. был переселён в Узбекистан, в Нижне-Чирчикский

---

134) Ким Б. Корейцы Узбекистана. Кто есть кто. – Т., 1995. – С. 43.

135) Пак В. И. Владимир Васильевич Ким - академик Академии наук Республики Узбекистан, доктор экономических наук, профессор, заслуженный деятель науки Республики Узбекистан // Наши герои. Вып. 1. – Т.: Истиклол, 2006. – С. 94-109.

район Ташкентской области. В 1942 г. семья переехала в Казахстан, но в 1944 г. вернулась в Узбекистан и обосновалась в Средне-Чирчикском районе Ташкентской области.

Окончил Ташкентский финансово-экономический институт.

После института, с 1950 по 1953 гг., работал контролёром-ревизором КРУ Министерства финансов СССР по Самаркандской области.

В 1953 г. поступил в аспирантуру Ташкентского финансово-экономического института. В 1961 г. защитил кандидатскую диссертацию. С 1963 по 1968 гг. – зав. кафедрой экономики сельского хозяйства. В 1972 г. в Ленинграде защитил докторскую диссертацию. В 1973 г. получил учёное звание профессора, а в 1979 г. был избран член-корреспондентом Академии наук Узбекской ССР. После избрания в течение 4-х лет работал академиком-секретарём отделения философских, экономических и юридических наук АН.

С 1985 г. – проректор по научной работе Ташкентского государственного института народного хозяйства. В 2000 г. избран действительным членом Академии наук Республики Узбекистан.

Автор более 150 научных работ. Выступал с докладами в

России, Германии, Польше, Египте, Турции, Украине. Являлся научным руководителем 34 кандидатов и 5 докторов экономических наук. «Заслуженный деятель науки Республики Узбекистан» (1981), «Отличник высшего образования», «Отличник народного образования».

◎ КИМ ДЕН ШЕ[136)

Директор школы. Родился в 1918 г. в селе Павлово Приморского края. Учился в Бухарском и Ташкентском педагогических институтах. С 1942 по 1977 гг. работал учителем корейского языка, а затем – директором школы в Нижне-Чирчикском районе Ташкентской области.

Автор стихов и поэтических сборников, опубликованных в Узбекистане и Казахстане, на корейском языке и в русских переводах. Член Союза писателей Узбекистана.

◎ КИМ МУН УК[137)

Родился в 1936 г. в провинции Северная Пхенан (КНДР). Выпускник Пхеньянского политехнического института (1963). После переезда в СССР заочно закончил Ташкентский политехнический институт, работал в Среднеазиатском научно-исследовательском проектном институте цветных

---

136) Ким Б. Корейцы Узбекистана. Кто есть кто. – Т., 1995. – С. 47.
137) Ким Б. Корейцы Узбекистана. Кто есть кто. – Т., 1995. – С. 54.

металлов. Заведовал отделом в Институте химии АН Узбекистана.

Кандидат технических наук (1986). Тема диссертации «Разработка и внедрение гидрометаллической переработки золотосодержащих руд».

В 1993 г. возглавил открывшееся корейское отделение в Ташкентском государственном институте востоковедения, долгое время работал деканом факультета корееведения.

◎ КИМ ОЛЬГА МИХАЙЛОВНА (1932-1990) [138]

Родилась в 1932 г. в Владивостоке. Окончила ТашГУ. Работала в школе, Бухарском пединституте, затем – в ТашГУ, на кафедре современного русского языка (ассистент, доцент, зав. кафедрой, профессор).

В 1964 г. защитила кандидатскую диссертацию «Особенности русской речи корейцев СССР», в 1978 г. – докторскую диссертацию («Транспозиция на уровне частей речи и явление омонимии в современном русском языке»). Автор около 60 научных работ, некоторые из них опубликованы в Польше, Болгарии, Швейцарии.

---

138) Ким Б. Корейцы Узбекистана. Кто есть кто. – Т., 1995. – С. 55.

◎ КИМ ПЕТР ГЕРОНОВИЧ(1933-2001)[139]

Родился в 1933 г. в Шкотовском районе Приморского края. Окончил Московский историко-архивный институт (1957). Работал в архивных учреждениях России. Свыше 20 лет работал в Институте истории партии при ЦК КП Узбекской ССР (после распада СССР – Институт политических и социальных исследований): старшим научным сотрудником, заведующим сектором, учёным секретарём, заместителем директора.

В 1973 г. защитил кандидатскую диссертацию («Источники по истории народного образования в Туркестане»), в 1983 г. – докторскую («Источниковедение истории Компартии Туркестана»).

Автор свыше научных 100 работ. Автор книги «Корейцы Республики Узбекистан» (1993).

С 1991 по 2000 гг. – председатель Ассоциации корейских

139) Ким В. Д. Петр Геронович Ким, первый председатель Ассоциации корейских культурных центров, доктор исторических наук, профессор (1933-2001) // Наши герои. Вып. 2. – Т.: Истиклол, 2009. – С. 109-113; Ким Б. Корейцы Узбекистана. Кто есть кто. – Т., 1995. – С. 55.–http://www.tashkentpamyat.ru/kim-petr-geronovich-uchenijj-istorikobshhestvennijj-dejatel-.html; https://ru.wikipedia.org/wiki/Ким,_Пётр_Геронович)

культурных центров Республики Узбекистана.

Награждён орденом «Дустлик» и почётным знаком Президента Республики Корея.

◎ КИ СЕ ПОК (1913-1979)[140]

Родился в 1913 г. в селе Нежино Владивостокского района Дальневосточного края. Окончил Никольск-Уссурийский корейский педагогический техникум и курсы редакторов при Хабаровском комвузе. Работал завучем средней школы, редактировал учебник корейского языка в Дальгизе, поступил в корейский пединститут.

После переселения в 1937 г. продолжил учёбу и окончил Самаркандский государственный университет.

Директор школы в Пастдаргомском районе (Самаркандская область).

В 1945 г. призван в армию. Военный переводчик советской военной администрации в Корее, затем был направлен на работу в Корею: зам. начальника, начальник военно-политической школы; зам. зав. отделом ЦК ТПК и главный редактор "Нодон синмун", зам. министра культуры и пропаганды, зам. министра иностранных дел КНДР, зам. начальника военной академии, директор издательства.

После возвращения в СССР (1957) – зав. ташкентским

---

140) Ким Б. Корейцы Узбекистана. Кто есть кто. – Т., 1995. – С. 37.

корпунктом "Ленин кичи".

Награждён наградами СССР и КНДР.

◎ КОГАЙ НИКОЛАЙ АНДРЕЕВИЧ[141]

Родился в 1926 г. в Уссурийском районе Приморского края.

В годы войны работал в трудовой армии в Коми АССР. Окончил Среднеазиатский государственный университет (1951). В 1956 г. защитил кандидатскую диссертацию, а в 1972 г. - докторскую. С 1957 г. - в Ташкентском государственном университете (с 1960 - доцент, с 1974 - профессор, в 1977–1983 гг. - декан географического факультета). Первый кореец, зачисленный в штат данного университета. Опубликовал более 150 научных работ.

141) Ли В. Берег надежды. – Т.: Niso Poligraf, 2012. – С. 129-133.

Заслуженный деятель науки Узбекистана.

◎ ЛИ ВИЛОРИЙ НИКОЛАЕВИЧ (1933-1991)[142]

Родился в 1933 г. в Приморском крае. Окончил Ивановский педагогический институт (1951). Учился в аспирантуре МГУ, работал в Институте русского языка и литературы АН Узбекистана. Кандидат филологических наук (1972). Тема диссертации «Социалистический реализм в корейской литературе».

Автор около 40 научных трудов.

◎ ЛИ ЧУН БЯК[143]

Родился в 1912 г. во Владивостоке. Работал в школе, служил в армии, поступил в пединститут. После переселения учительствовал в Уральской области. Окончил Ташкентский пединститут (1942). Работал директором школы в колхозе «Дальний Восток» Средне-Чирчикского района, парторгом этого же колхоза.

В 1945 г. направлен в Корею, работал преподавателем высшей школы по подготовке национальных кадров, сотрудником «Корейской газеты» (орган Приморского военного округа Советской Армии), начальником

---

142) Ким Б. Корейцы Узбекистана. Кто есть кто. – Т., 1995. – С. 72.
143) Ким Б. Корейцы Узбекистана. Кто есть кто. – Т., 1995. – С. 75.

политотдела военно-политической школы в Пхеньяне. Участник корейской войны, командир 46-й армии КНА, генерал-майор. Затем начальник штаба 7-й армии КНА, член Военного совета армии.

Вернувшись в СССР, окончил Ташкентскую высшую партийную школу, был назначен директором совхоза «Алтынкуль» Кунградского района Каракалпакской АССР. Награждён орденами и медалями СССР, КНДР и Монголии.

◎ ПАК АНДРЕЙ ИНСУНОВИЧ(1931-1994) [144]

Родился в 1931 г. в селе Черниговка Приморского края. Окончил Самаркандский госуниверситет в 1951 г. Работал главным геологом, поисково-разведывательной партии, начальником партий в Краснохолмской экспедиции, затем – с 1967 по 1994 гг. – ведущим научным сотрудником в Институте геологии и геофизики Академии наук республики.

В 1959 г. получил Ленинскую премию (высшая награда в СССР) за разведку и открытие уникальных месторождений

---

144) Юн Л. М., Лим Р. А. Андрей Инсунович Пак // Наши герои. Вып. 1. – Т.: Истиклол, 2006. – С. 126-131; Ли В. Берег надежды. – Т.: Niso Poligraf, 2012. – С. 125-128.

полезных ископаемых, существенно расширивших сырьевую базу страны. Кандидатскую диссертацию Андрей Инсунович защитил в 1965 г., докторскую – в 1984 г. Награждён орденом Трудового Красного Знамени и почётным знаком «Первооткрыватель месторождения».

Автор более 100 научных трудов.

◎ ПАК НИКОЛАЙ ИВАНОВИЧ (1928-1993)[145]

Доктор экономических наук, заслуженный деятель науки Узбекистана.

Родился в г. Имане Приморского края. В 1947 г. окончил Ташкентский финансово-экономический институт, учился в аспирантуре Московского экономического института, занимался научной и преподавательской деятельностью. В 1964–1982 гг. – проректор Самаркандского кооперативного института, с 1983 г. – зав. кафедрой политэкономии, профессор – консультант политической истории и экономической теории СМИ.

На счету Пака Н.И. десятки научных работ, монографии «Колхоз Авангард» (М., 1950), «Сокращение времени производства в сельском хозяйстве» (М., 1967), «Фактор времени производства в сельском хозяйстве» (Ташкент, 1977) и др.

---

145) Ким Б. Корейцы Узбекистана. Кто есть кто. – Т., 1995. – С. 89-90.

◎ Хан Сергей Михайлович (1930-2003) [146]

Один из наиболее авторитетных и уважаемых представителей корейской диаспоры Узбекистана, доктор философских наук, профессор, видный ученый и организатор в области образования и науки республики, первый кореец, обучавшийся и защитившийся в Академии общественных наук (г. Москва), первый кореец – ректор высшего учебного заведения (Ташкентского государственного института культуры), один из зачинателей движения за создание корейских культурных центров в СССР – председатель первого в СССР Республиканского оргкомитета по созданию корейских культурных центров (1988-1989).

Родился 2 декабря 1930 года в селе Никольское Никольского района Уссурийской области. В 1949 г. поступает в Узбекский государственный университет им. А. Навои (ныне Самаркандский государственный университет), на исторический факультет.

---

146) Ли Н. С. Сергей Михайлович Хан - доктор наук, профессор (1930-2003) // Наши герои. Вып. 1. – Т.: Истиклол, 2006. – С. 162-200; Хан В. С. Коре сарам: кто мы? Очерки истории корейцев. – Бишкек, 2009. – С. 133-139, 156-174.

В 1954 году, после окончания вуза работал корреспондентом в Самаркандской областной газете «Ленинский путь», а затем был назначен зам. директора Института усовершенствования учителей Кашкадарьинской области. С 1956 по 1958 гг. являлся ответственным секретарём областного отделения Всесоюзного общества «Знание», совмещая эту работу с преподаванием философии в вечернем университете (с 1955 г.) г. Карши.

С 1958 г. инструктор Кашкадарьинского областного комитета партии, а с 1960 года – заместитель заведующего отдела.

В 1961 г. поступает в очную аспирантуру Академии общественных наук (АОН) при ЦК КПСС (г. Москва). В 1964 г. защищает кандидатскую диссертацию по теории государства. После получения диплома направляется в Ташкентскую высшую партийную школу (ТВПШ). В ТВПШ С. Хан работал старшим преподавателем, доцентом, деканом, заведующим кафедрой, секретарём партийного комитета.

В конце 1960-х – начале 70-х годов С. Хан принимает активное участие в формировании социологических исследований в республике. В 1968 году при отделе пропаганды и агитации ЦК КП Узбекской ССР создаётся Общественный институт социологических исследований, и С. Хан становится членом Учёного совета этого института.

В 70-е годы С. Хан увлекается теорией организации и управления. С. Хан впервые в республике вводит курс управления. В 1979 году он поступает в докторантуру Академии общественных наук при ЦК КПСС, и в 1983 году защищает докторскую диссертацию на тему «Управленческие отношения при социализме». В этом же году выходит его одноимённая монография в издательстве «Мысль» тиражом в 10 000 экземпляров.

По приглашению руководства Ташкентской Высшей школы МВД СССР с 1981 г. С. М. Хан работает профессором кафедры философии. Он избирается зам. секретаря парткома, членом Совета школы, членом Редакционно-издательского совета школы, зам. председателя Совета кафедр общественных наук, председателем Методического совета, руководителем Методологического семинара.

С 1985 по 1988 гг. С. М. Хан работает первым проректором, а затем ректором Ташкентского государственного института культуры. Он становится первым корейцем – ректором высшего учебного заведения в истории СССР.

В 1989 году возвращается на должность профессора в Высшую школу МВД.

Всего С. М. Ханом было опубликовано более 80 научных трудов.

Награждён медалями, почётными грамотами Президиума Верховного Совета Узбекской ССР, ЦК КП

Узбекистана, Президиума Верховного Совета УзССР и Совета Министров УзССР.

В годы перестройки Сергей Михайлович Хан стал одним из инициаторов корейского движения в СССР – председателем Республиканского оргкомитета по созданию корейского культурного центра Узбекистана.

8. Корейцы в культуре, искусстве и СМИ

1) Историческая справка

В советский период корейцы заявили о себе не только в науке, но и в области культуры.

На Дальнем Востоке возможность окончить

Корейский народный ансамбль колхоза им. Димитрова на Всесоюзном телевидении в Москве в 1960 г.

профессиональные учебные заведения в области культуры и искусства для большинства корейцев была ограниченной. В основном это была художественная самодеятельность. С переселением в Узбекистан одарённые корейцы получили возможность получить профессиональное образование и строить профессиональную творческую карьеру.

В Узбекистане корейцы представлены в балете (*В. Егай, К. Н. Ким*), поп-музыке (*Г. Шин, О. Н. Когай*), классической музыке (*А. Б. Ким, Н. Х. Ли, С. Тен*), народном танце *(Е. Н. Ким, Хван Ден Ук)*, классическом танце (*Р. Кан*), живописи (*В. Ан, Г. Н. Кан, Е. Ли, Б. А. Ким, Г. Н. Ким, А. В. Ли, Н. С. Пак, Н. С. Шин, И. Шин и другие*), композиторском искусстве (*Д. Н. Ли, Пак Ен Дин, Е. Пак, Тен Ин Мук*), прозе и поэзии (*Тё Мен Хи, Угай Де Гук, В. Ли, Б. Пак, М. Ким и др.*), режиссуре кино и телевидения (*Ким Г. Н., Эгай С. В.*) и т.д. Ряд корейских деятелей культуры удостоены званий «Заслуженный артист Узбекистана», «Заслуженный деятель культуры Узбекистана», «Заслуженный деятель искусств Узбекистана». Многие из них удостоены зарубежных званий и наград, получили международное признание.

В творчестве многих из них звучит корейская тема.

2) Персоналии

◎ КИМ БОРИС АЛЕКСАНДРОВИЧ[147]

Родился в 1922 г. во Владивостоке. Окончил Самаркандское художественное училище им. Бенькова. Неизменно работал главным художником Бухарского музыкально-драматического театра, внес заметный вклад в развитие декоративного искусства республики. Принимал участие на различных республиканских выставках.

Народный художник Узбекской ССР (1970 г.).

◎ КИМ ГВАН ТХЭК (1898-1957)[148]

Родился в Корее (провинция Хамген Пукто). Семья перебралась в Россию. Служил в Рабоче-Крестьянской Красной Армии.

Работал в Приморье в рыболовецкой артели. После переселения в Узбекистан артель была размещена в Средне-Чирчикском районе Ташкентской области и преобразована в колхоз. Ким Гван Тек возглавлял правление колхоза в 1937-1944 и 1949-1950 гг. Являлся также председателем колхоза «Сталинская конституция».

В 1946-1948 гг. – директор областного корейского театра,

---

147) Ким Б. Корейцы Узбекистана. Кто есть кто. – Т., 1995. – С. 41.
148) Ким Б. Корейцы Узбекистана. Кто есть кто. – Т., 1995. – С. 45.

который размещался в колхозе «Авангард».

◎ КИМ ГИ ЧЕР (1906-1993)[149]

Писатель. Родился в Корее в г. Танчен (провинция Южная Хамген). Окончил корейскую гимназию в Гирине (Китай).

После переезда на российский Дальний Восток работал литературным сотрудником газеты «Сенбон». В 1937 году после переезда в Узбекистан – режиссер Гурленского межрайонного, Ташкентского областного, затем директор Сахалинского корейских театров. Был переводчиком московского издательства «Восточная литература». Последние годы провел в поселке Янгибазар Ташкентской области.

Перу Ким Ги Чера принадлежат пьеса «Хон Гильдон», поставленная на сцене корейского театра (1943), повесть «Первый год после переселения» (газета «Ленин кичи», 1989) и др. В 1987 г. алма-атинское издательство «Жашузы» выпустило его книгу «Когда увидел красную звезду».

◎ КИМ ДЕН ШЕ[150]

Родился 1918 году в селе Павлово Приморского края. Учился в Бухарском и Ташкентском педагогических институтах. С 1942 по 1977 гг. работал учителем корейского

---

149) Ким Б. Корейцы Узбекистана. Кто есть кто. – Т., 1995. – С. 46.
150) Ким Б. Корейцы Узбекистана. Кто есть кто. – Т., 1995. – С. 47.

языка, директором школы в Нижне-Чирчикском районе Ташкентской области.

Первые стихи опубликовал в газете «Ленин кичи». В русских переводах опубликован ряд книг и лирических сборников, в том числе «Радостное письмо» (Ташкент, «Ёш гвардия», 1961), «Чудесная груша» (1965), «Земля в цвету» (изд-во им. Гафура Гуляма, 1974) и другие. Ким Ден Ше постоянный участник коллективных сборников на корейском языке, выпускаемых казахстанским издательством «Жазушы», а также газетой «Коре ильбо». Член Союза писателей Узбекистана.

◎ КИМ ДУ ЧИР (1914-1983)[151]

Родился в 1914 г. в селе Хонмоу Дальневосточного края. Окончил редакционно-издательский техникум (Москва, 1936 г.), работал в издательстве «Иностранный рабочий» техническим редактором, служил в армии.

После переселения в Казахстан – сотрудник газет «За рис» и «Ленинский путь». С 1953 по 1975 гг. – собственный корреспондент газеты «Ленин кичи» по Узбекистану.

Автор стихов на корейском языке. Автор пьес «Нонге». «Оксун», «Клятва», поставленных в Казахском корейском театре в 1960-х годах. В его переводах в театре осуществлена постановка пьес русских и узбекских писателей (А.

---

151) Ким Б. Корейцы Узбекистана. Кто есть кто. – Т., 1995. – С. 48.

Островского, А. Арбузова, Хамзы).

Окончил Ташкентский юридический институт (1942). До 1953 г. работал в органах прокуратуры Ташкентской области.

◎ КИМ ЕН ЧЕР[152]

Родился 7 ноября 1914 г. в г. Сучан Приморского края. В 1937 г. с семьёй был выселен в Узбекистан.

Автор драматургических произведений («Случай в колхозе», «Одинокая старость», «Чэн-Чэнган» и др.), поставленных самодеятельными корейскими театрами.

Работал также зам. председателя колхозов "Искра" Бекабадского района и "Правда" Верхне-Чирчикского района Ташкентской области.

Награждён орденами Трудового Красного Знамени, «Дружба Народов», «Знак Почёта» и медалями.

◎ КИ СЕ ПОК (1913-1979)[153]

Родился в 1913 г. в селе Нежино Владивостокского района Дальневосточного края. Окончил Никольск-Уссурийский корейский педагогический техникум и курсы редакторов при Хабаровском комвузе. Работал завучем средней школы, редактировал учебник корейского языка в Дальгизе,

152) Ким Б. Корейцы Узбекистана. Кто есть кто. – Т., 1995. – С. 48.
153) Ким Б. Корейцы Узбекистана. Кто есть кто. – Т., 1995. – С. 37.

поступил в корейский пединститут.

После переселения в 1937 г. продолжил учебу и окончил Самаркандский государственный университет.

Директор школы в Пастдаргомском районе (Самаркандская область).

С 1957 г. и до конца жизни – заведующий ташкентским корпунктом газеты "Ленин кичи".

С 1945 г. по 1957 г. находился в Корее: военный переводчик советской военной администрации в Корее; зам. начальника, начальник военно-политической школы, зам. зав. отделом ЦК ТПК и главный редактор "Нодон синмун", зам. министра культуры и пропаганды, зам. министра иностранных дел, зам. начальника военной академии, директор издательства.

Награждён наградами СССР и КНДР.

◎ ЛИ НИКОЛАЙ ХОЕНОВИЧ (1919-1985)[154]

Родился в 1919 г. в Приморском крае. Окончил Ташкентскую государственную консерваторию (1943 г.). Концертмейстер Узбекского государственного театра оперы и балета. В 1957-1962 гг. работал в театрах Пекина. Стоял у истоков первого профессионального корейского ансамбля при Узгосэстраде. Заслуженный артист Узбекистана.

---

154) Ким Б. Корейцы Узбекистана. Кто есть кто. – Т., 1995. – С. 74.

◎ МЕН ВОЛЬ БОН (1913-1991)[155]

Родился в селе Сидими Приморского края. В 1935 г. поступил во Владивостокский корейский пединститут. В 1937 г. вуз был передислоцирован в Кзыл-Орду, где в 1939 г. закончил учебу.

В 1948-1957 гг. работал в КНДР – заведующий кафедрой русского языка и литературы в военной академии, зам. редактора армейской газеты.

По возвращении в СССР окончил высшую партийную школу в Москве (1962), работал в газете «Ленин кичи» (*ныне «Коре ильбо»*), преподавал корейский язык в Ташкентском пединституте им. Низами. Автор книги «Очерки» (Сеул, 1990) и ряда научных работ по вопросам языкознания и образования. Стихи опубликованы во многих сборниках в Алма-Ате и Сеуле.

◎ ПАК ЕН ДИН (1909-1978)[156]

Родился в селе Корсаковка Суйфунского уезда Дальневосточного края. Учился на рабфаке Дальневосточного пединститута, окончил музыкальную школу. После переселения окончил Ташкентскую государственную консерваторию.

Работал преподавателем консерватории. Один из

---

155) Ким Б. Корейцы Узбекистана. Кто есть кто. – Т., 1995. – С. 79.

156) Ким Б. Корейцы Узбекистана. Кто есть кто. – Т., 1995. – С. 87-88.

создателей и первый художественный руководитель корейского ансамбля «Каягым» при Узгосфилармонии.

Написал музыку к спектаклям корейского драматического театра «Хон Гиль Дон», «Хон Бэм До», «Олимпик» и др. В 1950-х годах в узбекском театре им. Мукими шла драма Пак Ен Дина «Южнее 38-й параллели», которая затем была поставлена в театре имени Пушкина (Москва).

Известны его песни «Ожидание», «Возмездие старика», «Песня в мире», «Дорога в Пхеньян» и др.

Член Союза композиторов Узбекистана. Награждён медалями «За доблестный труд», «За трудовое отличие».

◎ ПАК НИКОЛАЙ СЕМЕНОВИЧ (1922-2009)[157]

Известный художник.

Родился в 1922 г. в г. Спасске Приморского края. Окончил Латвийскую академию художеств и Ташкентский театрально-художественный институт. Член Союза художников СССР. В 1982-1987 гг. – секретарь

157) Нам О. Картина жизни Николая Семеновича Пака // Наши герои. Вып. 2. – Т.: Истиклол, 2009. – С. 152-159.

правления Союза художников Узбекской ССР.

Профессор. Заслуженный деятель искусств Узбекистана.

Автор более 200 работ. Почётный член Ассоциации художников и скульпторов Сеула.

◎ ШИН НИКОЛАЙ СЕРГЕЕВИЧ (1928-2006) [158]

Выдающийся художник.

Родился в селе Таудеми Ольгинского района Приморского края. Окончил Республиканское художественное училище имени Бенькова (1949) и Ташкентский театрально-художественный институт (1960).

---

158) Нам О. Николай Сергеевмч Шин: дело всей жизни // Наши герои. Вып. 2. – Т.: Истиклол, 2009. – С. 186-194.

В 1987-1992 гг. – секретарь правления Союза художников Узбекистана. Заслуженный деятель искусств (1987), академик Академии художеств Республики Узбекистан.

Кавалер высшего ордена Южной Кореи "Золотая корона". Создатель монументального панно "Реквием", посвящённого коре сарам.

9. Корейцы в спорте

1) Историческая справка

Как и в других областях, корейцы занимают видные позиции в спорте: в хоккее на траве (призёры Олимпийских игр, чемпионата мира, Кубка чемпионов Азии; чемпионы Узбекистана и СССР), в тяжелой атлетике (чемпионы Узбекистана и СССР), в дзюдо (чемпионы Узбекистана и молодежного чемпионата СССР), в греко-римской борьбе (чемпионы Узбекистана и призёры чемпионата СССР), в самбо (чемпионы Узбекистана, молодёжного чемпионата СССР, Европы, малого чемпионата мира; призёры чемпионата СССР, молодёжного чемпионата СССР, чемпионата мира), в боксе (чемпионы Узбекистана, СССР, Азии, молодёжного чемпионата Европы, Кубка мира; призёры чемпионата мира), в каратэ (чемпионы Узбекистана и СССР), чемпионы Узбекистана в футболе, шахматах и настольном теннисе.

Кроме спорта личных достижений, корейцы работали тренерами/старшими тренерами сборных Узбекистана по ряду видов спорта, а также возглавляли ряд спортивных ассоциаций республики.

2) Персоналии

◎ АН МИХАИЛ ИВАНОВИЧ (1952-1979)[159]

Мастер спорта международного класса. Уроженец колхоза им. Свердлова Верхне-Чирчикского района Ташкентской области. Футболом начал заниматься в детской колхозной команде. Учился в специализированной спортшколе-интернате им. Титова. В 1968 г. был включен в юношескую сборную СССР. В 1971 г. - полузащитник ташкентского клуба «Пахтакор». В составе «Пахтакора» сыграл 139 матчей, забил 30 голов. В сезонах 1974 и 1976 годов назывался в числе 33 лучших футболистов СССР. В качестве капитана сборной молодежной СССР завоевал звание чемпиона Европы (1976). Сыграл две игры

---

159) Ким Б. Корейцы Узбекистана. Кто есть кто. – Т., 1995. – С. 15.

за национальную сборную СССР.

19 августа 1979 г. Михаил Ан вместе с командой трагически погиб в авиационной катастрофе. Его именем названа одна из улиц Ташкента.

◎ ДИН АЛЕКСЕЙ ДАВЫДОВИЧ[160]

Родился в 1928 г. в селе Харитоновка Шкотовского района. Окончил Ташкентский институт физкультуры (1969).

Неоднократный призер чемпионатов Узбекистана.

В 1976-1980 гг. – старший тренер Спортивного клуба Красной армии (СКА) Туркестанского военного округа, в 1980-1986 гг. – спортобщества «Пахтакор». С 1987 г. – старший

---

160) Ким Б. Корейцы Узбекистана. Кто есть кто. – Т., 1995. – С. 24.

тренер республиканской школы высшего спортивного мастерства по боксу.

Заслуженный тренер Узбекской ССР (1971), Заслуженный работник культуры Узбекской ССР (1989), Заслуженный тренер СССР (1990).

◎ КИМ ВЛАДИМИР АЛЕКСЕЕВИЧ[161]

Родился в 1931 г. в г. Алдане Якутской АССР. Учился в Московском и Казахском институтах физкультуры.

Неоднократный чемпион Казахстана и Узбекистана по самбо. В качестве тренера подготовил свыше 60 мастеров спорта по самбо и дзюдо. Заслуженный тренер республики

В. А. Ким награждает победителя турнира по сирым

---

161) Ким Б. Корейцы Узбекистана. Кто есть кто. – Т., 1995. – С. 43.

(1978). Судья международной категории по самбо и дзюдо. Кандидат педагогических наук (1980). Тема диссертации: "Формирование контратакующих действий в борьбе самбо и дзюдо". Работал доцентом кафедры борьбы в Ташкентском институте физкультуры.

Инициатор возрождения корейской национальной борьбы сирым в Узбекистане, организатор первых турниров по этому виду спорта. Вице-президент Федерации сирым Узбекистана. В последние годы он написал учебное пособие по узбекской национальной борьбе – курашу.

◎ ШЕГАЙ ДОБИН ИННОКЕНТЬЕВИЧ (1932-1997)[162]

Родился в селе Корейское Перетино Приморского края. Окончил Ростовский пединститут (1955). Играл в футбольной команде «Спартак» (впоследствии «Пахтакор», Ташкент).

Тренер футбольной команды колхоза "Политотдел" (Ташкентская область), "Пахтакор" (Ташкент), «Звезда» (Джизак»), «Сохибкор» (Халкабад).

Заслуженный тренер (1967), Заслуженный работник физкультуры и спорта (1982) Узбекской ССР.

---

162) Ким Б. Корейцы Узбекистана. Кто есть кто. – Т., 1995. – С. 126.

10. Корейцы – инициаторы корейского движения в годы перестройки

1) Историческая справка

Первые инициативные группы по созданию корейских культурных центров в бывшем Советском Союзе возникли почти одновременно в Ташкенте, Алма-Ате, Москве и других городах, где проживали значительные по численности корейские диаспоры.

12 декабря 1988 г. в Ташкенте под председательством профессора Сергея *Михайловича Хана* состоялось учредительное собрание «Республиканского оргкомитета

Председатель Республиканского оргкомитета по созданию корейских культурных центров С. М. Хан и его заместитель В. Н. Ким (1989 г.)

по созданию корейских культурных центров». С этого дня и начинается отсчёт массового корейского движения в СССР. Несколькими днями позже было проведено учредительное собрание «Культурно-просветительского центра советских корейцев», возглавляемого поэтом Б. Паком, позднее переименованного в «Интернациональное культурно-просветительское общество корейцев Узбекистана».

На протяжении 1989 г. Республиканский оргкомитет по созданию корейских культурных центров создал 14 таких центров в городах и районных центрах Узбекистана.

Учредительная конференция Ташкентского городского культурного корейского центра состоялась 27 февраля 1990 г. Всего в Узбекистане было образовано 24 областных, районных и городских корейских культурных центра. 12 января 1991 г. была создана Ассоциация корейских культурных центров Республики Узбекистана.[163]

Корейское движение с самого начала не избежало конфронтации между различными организациями. В Узбекистане с самого начала возникло соперничество между «Республиканским оргкомитетом по созданию корейских культурных центров» и «Инициативной группой по созданию Интернационального культурно-просветительского общества корейцев Узбекистана». Позже соперничество и

---

[163] Ким П.Г. Корейцы Республики Узбекистан. – Т., 1993. – С. 122.

Первые массовые корейские гуляния в 1989 г.

откровенная борьба развернулась между Ташкентским корейским культурным обществом и Ассоциацией по содействию объединения Кореи (АСОК), между Ассоциацией корейских культурных центров Узбекистана[164] и областными культурными центрами, между Ассоциацией корейских культурных центров Узбекистана и Ташкентским корейским обществом «Возрождение» и т. д.

---

164) История учредительной конференции Ассоциации корейских культурных центров Узбекистана – действительно малоприятная страница корейского движения. При её создании отсутствовали представители 7 областей из 11. Б. Ким так её характеризует: «Ленин Кичи» дала об этом чрезвычайном событии коротенькую заметку, да и то за подписью нештатника. Ни один из четырех сотрудников Ташкентского корпункта газеты на учредительную конференцию не был приглашён, как не были приглашены свыше 100 из 150 делегатов, избранных на местах». – Ким Б. Ветры наших судеб. – Т., 1991. – С. 141.

2) Персоналии

◎ КАН ПАВЕЛ ХАРИТОНОВИЧ (1931-1996) [165]

После распада СССР – активист корейского движения, вице-президент, президент «АСОК»-МКА «Единство» («Бомминрён»). Награждён медалью «Объединение Кореи» КНДР.

Родился 7 ноября 1931 г. в селе Иман Хабаровского края. В 1954 г. окончил филиал Одесского гидротехнического института, а в 1976 г. – Ташкентский институт народного хозяйства.

Работал начальником СМУ Каракалпакского строительного треста, начальником участка СМУ г. Джизака, начальником цеха Джизакского комбината строительных материалов и конструкций, директором Янгиерского комбината железобетонных изделий. В 1976 г. – зам. начальника «Средазирсовхозстрой». В 1977-1980 гг. – начальник «Джизакстепстрой», в 1980-1984 гг. – первый зам. начальника «Главсредазирсовхозстрой».

Кандидат технических наук (1982). Лауреат

---

165) Лим М. С. Павел Харитонович Кан – строитель и освоитель Голодностепской целины, кандидат технических наук (1931-1996) // Наши герои. Вып. 1. – Т.: Истиклол, 2006. – С. 86-93.

Государственной премии СССР (1983).

◎ КИМ ПЁТР ГЕРОНОВИЧ (1933-2001) [166]

С 1991 по 2000 гг. – председатель Ассоциации корейских культурных центров Республики Узбекистана.

Родился в 1933 г. в Шкотовском районе Приморского края. Окончил Московский историко-архивный институт (1957). Работал в архивных учреждениях России, в Институте истории партии при ЦК КП Узбекской ССР: старшим научным сотрудником, зав. сектором, ученым секретарем, зам. директора. В 1973 г. защитил кандидатскую диссертацию, в 1983 г. – докторскую. Автор книг «Социально-политический портрет корейцев Узбекистана» (Ташкент, 1991), «Корейцы Республики Узбекистан» (Ташкент, 1993), «Сталинская депортация корейцев в Среднюю Азию» (Сеул, 1993).

Автор сценариев фильмов «Чинсен – Дустлик», «Узбекистан – наш общий дом», «Хенбок – по-корейски счастье». Инициатор перевода на корейский язык и

166) Ким В. Д. Петр Геронович Ким, первый председатель Ассоциации корейских культурных центров, доктор исторических наук, профессор (1933-2001) // Наши герои. Вып. 2. – Т.: Истиклол, 2009. – С. 109-113; Ким Б. Корейцы Узбекистана. Кто есть кто. – Т., 1991. – С. 55.

публикации в Сеуле сборника речей и выступлений Президента Узбекистана И. Каримова.

Награждён орденом «Дустлик» и почётным знаком Президента Республики Корея.

◎ ХАН СЕРГЕЙ МИХАЙЛОВИЧ (1930-2003) [167]

Один из инициаторов корейского движения в СССР – председатель Республиканского оргкомитета по созданию корейского культурного центра Узбекистана. Позже возникли аналогичные центры в Казахстане, Москве, на Дальнем Востоке и в других местах. За 1989-1990 годы Оргкомитетом было создано 16 корейских культурных центров в Узбекистане. С их появлением корейское движение в Узбекистане стало приобретать массовый характер.

Родился 2 декабря 1930 года в селе Никольское Уссурийской области.

Окончил Узбекский государственный университет им. А. Навои (1954). Работал корреспондентом газеты, зам.

---

167) Ли Н. С. Сергей Михайлович Хан - доктор наук, профессор (1930-2003) // Наши герои. Вып. 1. – Т.: Истиклол, 2006. – С. 162-200; Хан В. С. Коре сарам: кто мы? Очерки истории корейцев. – Бишкек, 2009. – С. 133-139, 156-174.

директора Института усовершенствования учителей, ответственным секретарём отделения Всесоюзного общества «Знание» Кашкадарьинской области.

В 1958 г. - инструктор отдела Кашкадарьинского областного комитета партии, а с 1960 года – заместитель заведующего отдела.

В 1964 г. защитил кандидатскую диссертацию (Москва). Работал старшим преподавателем, доцентом, деканом, заведующим кафедрой, секретарём партийного комитета ТВПШ. В 1983 году защищает докторскую диссертацию (Москва). С 1981 года – профессор кафедры философии Ташкентской Высшей школы МВД СССР.

С 1985 по 1988 годы С. М. Хан работает первым проректором, а затем ректором Ташкентского государственного института культуры. Он становится первым корейцем – ректором высшего учебного заведения в истории СССР. В 1989 году возвращается на должность профессора в Высшую школу МВД.

Автор более 80 научных трудов.

Заключение

Данная книга, первый том из трёхтомной серии, посвящена советскому периоду жизни корё сарам в Узбекской ССР (1937-1990). Конечно, знаменитых корейцев, состоявшихся в указанный период, значительно больше, чем указано в настоящей книге. В ней указаны прежде всего те корейцы, которые ушли уже из жизни. Но и в данном случае многие корейцы, которыми гордятся корейцы Узбекистана, остались за пределами книги, что связано с ее лимитированным объемом. Достаточно сказать, что только Героев Социалистического Труда среди корейцев Узбекистана насчитывается 135 человек. А сколько среди них орденоносцев, обладателей почётных званий, руководителей промышленных и сельскохозяйственных предприятий, видных ученых и деятелей культуры – их сотни!

Мы надеемся, что в будущем возникнет возможность

представить всех выдающихся советских корейцев Узбекистана, которыми могут гордиться не только представители корё сарам, но и корейцы всего мира. Именно благодаря им имидж корейцев на пространстве СНГ находится на одной из самых высоких планок.

Часть 2

Корейцы Узбекистана: на рубеже XX - XXI веков

Введение

Первая книга о корейцах Узбекистана «Корейцы Советского Узбекистана: время и люди» была посвящена известным корейцам, чья слава пришлась на советскую эпоху, и которые ушли из жизни к настоящему времени.

В 1991 году распался Союз Советских Социалистических Республик. Еще несколько лет до этого, в период перестройки, советский народ ощутил дыхание перемен, и люди всего мира видели, как падает железный занавес и рушатся стены холодной войны. Все жили чувством новых перемен и никто даже предположить не мог, что через несколько лет страны, олицетворявшей идеалы социализма, не будет.

Конец 1980-х – первая половина 1990-х годов – тяжелейшее время в поствоенный период советской истории. Отразился он и на корейцах.

После распада СССР усилился отток корейцев из

государственной сферы. Оттоку корейцев из сферы государственной экономики в сферу частного предпринимательства способствовали не только либерализация экономики и кризис государственного сектора, но и новые политические реалии, сложившиеся после распада СССР. После образования независимых государств на постсоветском пространстве, многие из которых основаны на доминанте национальной идеи, сфера реализации прав, свобод и возможностей этнических меньшинств, в том числе и корейцев, сократилась.

В чем это выразилось?

Прежде всего, в увеличении удельного веса титульных наций и сокращении удельного веса других этнических групп в структуре населения. Показателем данного процесса стала устойчивая миграция этнических меньшинств из Центральной Азии в другие страны, прежде всего в Россию. Если взять данные по Узбекистану, то уже в 80-х годах среднегодовая убыль составляла 50 тыс. человек, а в 90-е годы – 80-90 тыс. человек. Почти полностью уехали немцы, крымские татары, евреи, турки-месхетинцы. Устойчивая миграция наблюдалась среди русских, белорусов, украинцев.[1] Высокий уровень миграции наблюдался в

---

[1] Ата-Мирзаев О., Гентшке В., Муртазаева Р. Узбекистан многонациональный: историко-демографический аспект. – Ташкент, 1998. – С. 73-75.

Казахстане и других странах центрально-азиатского региона. Например, в Казахстане с 1989 по 1999 годы население страны уменьшилось более чем на 9%, с 16 464 464 человек до 14 953 126 человек.[2]

В миграционные процессы оказались вовлечены и корейцы.

В Узбекистане число корейцев также уменьшилось с 183 140 человек в 1989 году до 172 384 по состоянию на 1 января 2001 год.[3] В последующие годы численность корейцев продолжала уменьшаться.

В итоге прирост численности корейцев исчисляется отрицательной величиной. В Узбекистане в 1959-1969 гг. прирост численности корейцев составил почти 7%, в 1969-1979 гг. – более 10%, в 1979-1989 гг. – более 12%, а в 1989-2000 гг. – почти минус 6%. Причина потерь в приросте численности корейцев в Казахстане и Узбекистане – миграция за пределы республик.

По разному были представлены титульный этнос и другие этнические группы в органах власти. Количество корейцев резко снизилось на административных должностях.

---

2) Masanov N. Perceptions of Ethnic and All-national Identity in Kazakhstan // "The Nationalities Question in Post-Soviet Kazakhstan". Middle East Studies Series, N 51, IDE-JETRO, Japan, 2002. – P. 18.

3) Ким В. Д. Корейцы Узбекистана: прошлое и настоящее // История, культура и быт корейцев Казахстана, Кыргызстана и Узбекистана. – Бишкек, 2003. – С. 46.

Одной из самых сложных проблем для этнических меньшинств в странах СНГ стала новая языковая ситуация. Как известно, во всех среднеазиатских республиках язык титульной нации был объявлен государственным языком, в то время как не титульные этносы практически не владели им. Требование знания языка титульного этноса для занятия государственных должностей привело к коренизации государственных структур, что в свою очередь стимулировало как миграцию этнических меньшинств за пределы центрально-азиатских государств, так и отток их из государственных структур в частные структуры, где знание государственного языка не обязательно.

Либерализация экономики и введение государственных языков (языков титульных этносов) привели к оттоку корейцев из сферы государственной экономики в сферу частного бизнеса (торговлю, ресторанный бизнес, строительство и ремонтные работы, компьютерный бизнес, медицинские клиники, банковское дело и т.д.).

Коммерциализация общественного сознания и сокращения представленности корейцев в государственных структурах привели к определенному нарушению сбалансированной занятости корейцев, как это имело место в советское время. Наблюдается сокращение численности корейского студенчества, творческой, научной и технической интеллигенции. Произошел отток молодых специалистов-корейцев из науки, образования, культуры, здравоохранения и других сфер в бизнес.

Настоящая (вторая) книга посвящена корейцам, также родившимся в СССР (в основном в 1940-х – 1970-х годах), получивших образование и ставших на ноги в качестве профессионалов в советский период, но которые продолжают жить и работать в настоящее время, и чьи наивысшие достижения приходятся на конец советского периода и постсоветский период. Важно отметить, что их современный статус во многом определялся их достижениями конца 1980-х – первой половины 1990-х годов, несмотря на все трудности этого сложного периода.

В книге есть несколько персоналий, родившиеся в первой половине XX века, но они по-прежнему живы и активны в своей деятельности.

Глава 1

Корейцы в органах законодательной и исполнительной власти

1. Историческая справка

В советский период корейцы достигли впечатляющих успехов в сельском хозяйстве и других отраслях народного хозяйства.

Признанием организационных способностей корейцев в аграрном секторе стал тот факт, что они занимали высокие должностные посты в сфере сельского хозяйства не только на районном или областном, но и правительственном (республиканском и всесоюзном) уровне. Это такие высокие посты как председатель Государственного комитета по рыбному хозяйству

Узбекистана (Х. Т. Тен), заместитель министра хлебопродуктов Узбекистана (Н. Д. Тен), заместитель министра плодоовощного хозяйства Узбекистана (Х. Т. Тен.), председатель Республиканской Ассоциации пчеловодства Узбекистана (М. И. Юн), начальник отдела зерновых культур Министерства сельского хозяйства Каракалпакстана (Н. Н. Тян) и другие.

Корейцы занимали высокие посты не только в системе исполнительной власти, но и избирались в Верховный Совет (парламент), как СССР, так и на республиканском уровне. Так, в Верховный Совет СССР от Узбекистана избирались А. Кан, Л. Ли и В. Цо, а в Верховный Совет Узбекской ССР – Ким Пен Хва, Хван Ман Гым, Шин Ден Дик, Х. Тен, Н. Ким.

В период перестройки и после распада СССР в органах исполнительной власти корейцы занимали такие посты как вице-премьер-министр (В. Чжен), председатель Госкомитета по управлению государственным имуществом и приватизацией (В. Чжен), министр местной промышленности (В. Чжен), министр дошкольного образования (А. Шин), зам. председателя Госкомитета по геологии и минеральным ресурсам (Р. Цой), зам. министра труда Каракалпакстана (Р. Ли), зам. министра образования (А. Пак).

В законодательной власти корейцы становились

депутатами Законодательной палаты Олий Мажлиса (С. Ким, В. Пак), а также членами Сената (А. Шин, В. Пак, В. Тян).

2. Персоналии

◎ КИМ СЕРГЕЙ СЕРГЕЕВИЧ[1]

Депутат Олий Мажлиса Республики Узбекистан 2-го созыва

Родился в 1959 г. в г. Олтын Куль Ферганской долины. Окончил экономический факультет Ташкентского государственного института народного хозяйства.

Депутат Олий Мажлиса Республики Узбекистан второго созыва (1999-2005), депутат Ташкентского городского совета, был председателем Ташкентского городского корейского культурного центра.

Председатель Совета директоров СП "BITI-PRODUCTION".

---

1) Нам О. Сергей Сергеевич Ким // Краткие очерки о выдающихся корейцах Узбекистана. Книга вторая.– Т.: Истиклол, 2009. – С. 121-127.

◎ ПАК ВИКТОР НИКОЛАЕВИЧ[2]

Депутат Олий Мажлиса Республики Узбекистан

Родился 26 декабря 1958 г. в селе Сретенка Бекабадского района Ташкентской области. Окончил Джамбульский гидромелиоративно-строительный институт по специальности инженер-механик (1985). Служил в рядах вооруженных сил на Тихоокеанском флоте. После демобилизации начал свою трудовую биографию, работая слесарем-сборщиком, мастером сборочного цеха Наманганского машиностроительного завода. В 1988-1997 годы – главный технолог, заместитель главного инженера Узбекского производственного объединения «Электротерм» Министерства электротехнической промышленности и приборостроения. В 1997 году организовал многоотраслевую строительную компанию ООО «KARDISE».

В декабре 2014 г. был избран депутатом Олий Мажлиса Республики Узбекистан от Либерально-демократической партии Узбекистана. Член комитета по международным

---

2) Пак Виктор Николаевич. – http://parliament.gov.uz/ru/structure/deputy/ 14906/ Ирина Сен. Новый лидер – новые идеи // Корё ильбо. 23 ноября 2012 г.

делам и межпарламентским связям.

Награды: орден «Камелия» Республики Корея (2014), орден «Дустлик» (2014).

Председатель Ассоциации корейских культурных центров Узбекистана.

◎ ПАК ВЕРА БОРИСОВНА (1938-2018)[3]

Герой Узбекистана, сенатор.

Родилась 13 ноября 1938 г. в Кунградском районе Каракалпакской АССР. Окончила Каракалпакский государственный педагогический институт (1961). Работала в средней школе. В 1984-1985 годах занимала должность инспектора по трудовому обучению в Хивинском городском отделе народного образования.

С 1985 по 2018 гг. – директор Хивинского детского дома № 20.

Многократно избиралась членом комитета женщин Узбекистана, членом Республиканского Совета Народно-Демократической партии Узбекистана, депутатом

---

3) Ким А. И. Вера Борисовна Пак // Краткие очерки о выдающихся корейцах Узбекистана. Книга вторая. – Т.: Истиклол, 2009. – С. 31-38; Пак Вера Борисовна // – https://ru.wikipedia.org/wiki

областного и городского Кенгашей народных депутатов
Сенатор. Олий Мажлиса (2005 - 2010).

Награды: Герой Узбекистана (2001), Заслуженный работник народного образования Республики Узбекистан (1992).

◎ ТЯН ВАЛЕРИЙ НИКОЛАЕВИЧ[4)]

сенатор

Родился в 1946 г. в Сырдарьинской области. Окончил Краснокутское летное училище (1967) и Ленинградскую академию гражданской авиации (1975).

Зам. председателя Комитета по межнациональным отношениям и дружественным связям с зарубежными странами при КМ РУз. С 1992 по 1998 гг. – заместитель генерального директора, первый заместитель генерального директора Национальной авиакомпании "Ўзбекистон ҳаво йўллари". С 1998 по 2002 гг. – начальник государственной инспекции по контролю за безопасностью полетов. Генеральный директор национальной авиакомпании Республики Узбекистан "Хаво Йуллари" (2002-2017).

4) Нам О. Валерий Николаевич Тян: "Я - продукт двух депортаций" // Краткие очерки о выдающихся корейцах Узбекистана. Книга вторая. – Т.: Истиклол, 2009. – С. 24-30; http://www.centrasia.ru/person2.php?st=1056554336

Председатель Совета межгосударственного авиационного комитета СНГ.

С 2010 г. – сенатор Сената Олий Мажлиса Республики Узбекистан.

С 6 января 2017 г. – зам. председателя Национального Олимпийского комитета Узбекистана.

Награждён орденами Республики Узбекистан: орден "Мехнат шухрати" (2000), орден "Дўстлик" (2006). Заслуженный работник транспорта Республики Узбекистан (1993).

◎ ФЕН ВИТАЛИЙ ВАСИЛЬЕВИЧ[5]

Посол Узбекистана в Корее

Родился в 1947 году в г. Маргилане. Окончил Ташкентский институт физкультуры и спорта.

Работал председателем комитета по физической культуре и спорту Ферганской области, заместителем председателя Ферганской облисполкома,

заместителем председателя Комитета по физической культуре и спорту Узбекистана.

---

5) https://ru.wikipedia.org/ Ким А. И. Виталий Васильевич Фен – Чрезвычайный и Полномочный Посол Республики Узбекистан в Республике Корея // Краткие очерки о выдающихся корейцах Узбекистана. Книга вторая. – Т.: Истиклол, 2009. – С. 12-26.

С 1995 г. по 1999 г. руководитель дипломатического представительства Узбекистана в Южной Корее. С 1999 по 2013 гг. – Чрезвычайный и полномочный посол Узбекистана в Южной Корее. С 2002 – 2013 гг. являлся дуайен, главой дипломатического корпуса, старший по дипломатическому классу и по времени аккредитования в Южной Корее.

В 2013 году после более 17 летней службы завершил свою дипломатическую миссию и вернулся в Узбекистан. С 27 мая 2017 г. – снова утвержден Чрезвычайным и полномочным послом Узбекистана в Южной Корее.

Награды:

Орден «Мехнат шухрати», нагрудный знак «Узбекистон белгиси», нагрудный знак «Узбекистон мустакиллигига 20 йил».

Орден «Гвангхва» Южной Кореи.

В 2005 г. было присвоено звание "Почетный гражданин Сеула".

◎ ЧЖЕН ВИКТОР АНАТОЛЬЕВИЧ[6]

В 1990-е годы министр местной промышленности Узбекистана, заместитель премьер-министра, председатель Государственного комитета по управлению государственным имуществом и приватизацией.

Родился 10 мая 1945 г. в Узбекистане. В 1968 году окончил

---

6) Ким Б. Корейцы Узбекистана. Кто есть кто. – Т., 1995. – С. 124; Чжен Виктор. – // http//www.moscowwriters.ru/TVOR-P/cv/czen-va/czen-va-tv.htm

Самаркандский государственный университет им. А. Навои, получив специальность инженера-технолога. Долгое время работал на производстве, возглавлял крупные машиностроительные предприятия – завод «Хлопкомаш», Самаркандское производственное объединение «Электробытмаш».

В 1990-1994 гг. – министр местной промышленности Узбекистана. В 1994-2000 гг. – заместитель премьер-министра, председателем Государственного Комитета по управлению государственным имуществом и приватизацией. Советник премьер-министра (2000).

Кандидат технических наук, доктор экономических наук.

Неоднократно был отмечен Государственными наградами.

В настоящее время живет в России. В последние годы работал генеральным директором Всероссийского алюминиево-магниевого института (Санкт-Петербург).

Автор книг на исторические и теолого-философские темы: "Путешествия случайного философа", "Амир Темур", "От Рюрика до Николая", "Онаон", "Библия в стихах", "Основатели религий". В. Чжен удостоен писательских и журналистских наград, таких как Золотая Есенинская медаль, медали В. И. Пикуля, М.А. Шолохова, М. В.

Лермонтова, журналистской премии "Лучшие перья России".

Член Союза писателей России, член Российского творческого Союза работников культуры.

◎ ШИН АГРИППИНА ВАСИЛЬЕВНА[7]

Министр, сенатор.

Родилась в 1958 году в поселке Славянка Сырдарьинской области. Окончила Ташкентский государственный институт связи. Директор Ташкентского профессионального колледжа информационных технологий (2001-2017). 19 октября 2017 г. назначена министром нового министерства дошкольного образования.

Кандидат педагогических наук.

Избиралась депутатом Ташкентского городского Кенгаша. В 2015 г. была избрана сенатором Сената Олий Мажлиса Республики Узбекистан.

Награды: орден «Дустлик», обладатель звания "Заслуженный наставник молодежи Узбекистана".

---

7) Ли Н. Компьютеры и··· цветы // Краткие очерки о выдающихся корейцах Узбекистана. Книга четвертая. – Т.: Чинор ЭНК, 2015. – С. 196-200.

Глава 2

Корейцы в отраслях народного хохяйства и бизнесе

1. Историческая справка

Конец 1980-х – первая половина 1990-х годов – тяжелейшее время в поствоенный период советской истории. Отразился он и на корейцах.

В первые годы независимости на изменение трудовой занятости корейцев сильно сказался экономический кризис стран СНГ. Советский народнохозяйственный комплекс представлял собой сложный организм, где все его части были связаны огромным количеством связей: уровень кооперации в советской экономике превышал 70%. В производстве оборудования, скажем, производимого в

Узбекистане, участвовали десятки смежных предприятий разбросанных по всему пространству СССР. Разрыв хозяйственных связей, последовавший после распада СССР, поставил буквально все предприятия на постсоветском пространстве на грань выживания. Объем производства в 1991 г. упал на 25%, в 1992 г. по отношению к 1991 году – на 18%. В 1993 г. спад продолжился. Многие предприятия полностью остановились, а их персонал был отправлен в неоплачиваемые вынужденные отпуска. Высокотехнологичные производства, основанные на сложной системе кооперации со смежными предприятиями, чтобы выжить стали выпускать кастрюли, тазы, детские коляски и другую несложную в технологическом отношении продукцию. Конечно, алюминиевые кастрюли и пластмассовые тазы не требовали специалистов высокой квалификации, производящих продукцию, используемую в оборонной, космической и других высокотехнологичных областях. Массовое сокращение и невостребованность привели как к оттоку специалистов за границу, так и пополнению ими рядов частных предпринимателей.

Оттоку корейцев из сферы государственной экономики в сферу частного предпринимательства способствовали не только либерализация экономики и кризис государственного сектора, но и новые политические реалии, сложившиеся после распада СССР. После образования независимых государств на постсоветском пространстве, многие из которых основаны на доминанте национальной идеи, сфера реализации прав, свобод и возможностей этнических меньшинств, в том числе и корейцев, сократилась.

Либерализация экономики и введение государственных языков (языков титульных этносов) привели к оттоку корейцев из сферы государственной экономики в сферу частного бизнеса (торговлю, ресторанный бизнес, строительство и ремонтные работы, компьютерный бизнес, медицинские клиники, банковское дело и т.д.).

Особенно много корейцев в торговле. Тысячи корейцев Узбекистана занимаются мелким бизнесом с частной лицензией предпринимателя или вообще без регистрации. Достаточно пойти на любой рынок, чтобы увидеть массы торгующих корейцев.

Корейцы одним из первых, в массовом порядке, освоили «челночный» бизнес, чему во многом способствовало более облегченная процедура получения выездных и въездных виз и паспортов международного образца в новых независимых государствах. Показательным в этом плане является самый крупный оптовый рынок Узбекистана под названием «Ипподром». Он делился (и по сей день делится) на две части: узбекский базар и корейский базар. Если учесть, что корейцы составляли менее 1% в структуре населения Узбекистана, наличие понятия «корейский базар» на крупнейшем оптовом рынке страны говорит о мощной представлености корейцев в торговом бизнесе.

Частный бизнес, в который устремились корейцы, можно условно разделить на три большие группы.

Первый вид не требовал каких-либо профессиональных знаний и обучения. Это прежде всего «челночный», мелкий торговый бизнес. Люди покупали товар (одежду, косметику, игрушки, некоторые виды продуктов питания, электротехнику и т. д.) в одних странах и продавали у себя дома. Приобретение каких-то специфических знаний, например, об особенностях товара или спросе на те или иные виды товара, происходило естественным образом в процессе купли-продажи.

Второй вид бизнеса уже предполагал определённого рода квалификацию и опыт – это ресторанный бизнес, строительство и ремонтные работы, автосервис, различного рода производства несложного типа и т. д.

Третий вид бизнеса основывался на высоко профессиональных знаниях, предполагающих высшее образование. В 1990-х годах корейцами-программистами был основан целый ряд компьютерных фирм, занимавших лидирующие позиции на рынке Ташкента (компании «Тезнезис-Инфо», «Нурон» и др)., корейцами-врачами – медицинские клиники различного профиля и т. д.

Многие корейцы стали занимать высокие должностные

позиции в финансовом секторе. В годы перестройки и в 1990-е годы, они начали занимать такие высокие посты как заместитель председателя Национального Банка Республики Узбекистана (А. Т. Пак), президент "Траст Банка" (В. Н. Пак), председатель правления "Инвест Банка" (В. В. Дигай), председатель правления "UzLegCom Bank" (А. К. Ким), председатель правления "Алока Банка" (К. А. Ким), заместитель председателя правления "Инвест Банка" (Т. А. Пан, В. В. Дигай), заместитель председателя правления "Асака Банка" (А. К. Ким).

2. Персоналии

◎ КИМ АНАТОЛИЙ ВЛАДИМИРОВИЧ[1]

Родился в 1961 г. в г. Ташкенте. Окончил Ленинградский финансово-экономический институт (1983). Работал начальником отдела Центрального статистического управления Узбекистана, финансовым директором компьютерной фирмы «Технезис-Инфо».

---

1) Ким Б. Корейцы Узбекистана. Кто есть кто. - Т., 1999. - С. 40.

В 1992 г. основал свою компьютерную фирму «Нурон», ныне группа предприятий. Член руководства Ассоциации корейских культурных центров Узбекистана. Меценат.

◎ КИМ АРКАДИЙ КОНСТАНТИНОВИЧ[2]

Родился в 1954 г. в Ташкентской области. Окончил Красноярский политехнический институт (1977).

В 1986-1991 гг. работал в тресте «Ташгорпромстрой».

С 1991 г. работал в банковской сфере – начальник управления кредитования строительного комплекса Узпромстройбанка, начальник инновационного отдела Национального банка внешнеэкономической деятельности Республики Узбекистан, председатель коммерческого банка "Узлегпромбанк".

Первый заместитель председателя правления банка "Асака" (1996-2005).

Активный спонсор Ассоциации корейских культурных центров Узбекистана.

---

2) Аркадий Константинович и Владислав Константинович Кимы: две параллели // Краткие очерки о выдающихся корейцах Узбекистана. Книга вторая. – Т.: Истиклол, 2009. – С. 50-55.

◎ КИМ СЕРГЕЙ СЕРГЕЕВИЧ[3]

Депутат Олий Мажлиса Республики Узбекистан 2-го созыва

Родился в 1959 г. в г. Олтын Куль Ферганской долины. Окончил экономический факультет Ташкентского государственного института народного хозяйства.

Председатель Совета директоров узбекско-канадского совместного предприятия "BITI-PRODUCTION", СП занимается строительством и производством стройматериалов.

Депутат Олий Мажлиса Республики Узбекистан второго созыва (1999-2005), депутат Ташкентского городского совета, был председателем Ташкентского городского корейского культурного центра.

◎ КИМ ФЕДОР НИКОЛАЕВИЧ[4]

Родился в 1955 г. Окончил факультет кибернетики Ташкентского института народного хозяйства. Работал начальником автоматизированной системы управления,

3) Нам О. Сергей Сергеевич Ким // Краткие очерки о выдающихся корейцах Узбекистана. Книга вторая. – Т.: Истиклол, 2009. – С. 121-127.

4) Все начинается с материнской любви // Краткие очерки о выдающихся корейцах Узбекистана. Книга четвертая. – Т.: Чинор ЭНК, 2015. – С. 103-107.

главным экономистом на предприятии, главным бухгалтером Министерства легкой промышленности, заместителем председателя Ассоциации «Узлегпром».

Заместитель директора Ассоциации инвесторов "Илк плюс". Владелец сети ресторанов.

Председатель Федерации гольфа Узбекистана. Меценат. Кандидат в мастера спорта СССР по самбо, обладатель черного пояса по таэквондо.

◎ ЛИ АНАТОЛИЙ ИНСЕБОВИЧ[5)]

Главный штурман национальной авиакомпании Республики Узбекистан

Родился в 1939 году. Окончил Чкаловское военное авиационное училище штурманов в г. Оренбурге (1969). Начал трудовую деятельность в гражданской авиации в аэропорту г. Иркутска.

В 1969 году Анатолий Инсебович

5) Ни Л. П. Главный штурман национальной авиакомпании Республики Узбекистан. – Анатолий Инсебович Ли // Краткие очерки о выдающихся корейцах Узбекистана. Книга вторая. – Т.: Истиклол, 2009. – С. 135-141.

переводится в аэропорт г.Ташкента. В 1980-х он возглавляет штурманскую службу в летном отряде, участвовавшем более 5-и лет в афганских событиях, выполняя военно-транспортные и санитарные полеты.

За самоотверженное участие награждается орденом Красной Звезды, а также орденами и медалями от Республики Афганистан.

После вывода советских войск из Афганистана Анатолий Инсебович еще в течение 2-х лет (1989-1990 гг.) продолжал работать в Афганистане в составе личного экипажа Президента Афганистана.

В 1990 г. группа уголовников угоняет самолет ТУ-154, выполнявший рейс Нерюнгри-Якутск в Пакистан. Когда в Ташкенте на дозаправку приземлился захваченный самолет Ли Анатолий Инсебович добровольно вызвался заменить якутского штурмана. Он, как и члены того героического экипажа, был награждён орденом "За личное мужество".

С 1992 по 1999 гг. А. И. Ли – главный штурман национальной авиакомпании Республики Узбекистан. После провозглашения независимости в течении 3 лет он входит в состав личного экипажа Президента Республики Узбекистан, выполняет специальные правительственные полеты, награждается правительственными наградами. Ему было доверено решать многие организационные и методические вопросы штурманской службы в период становления НАК.

В 1999 году переходит на работу наземной службы на должность начальника аэронавигационного обеспечения полетов.

◎ ТЯН ВАЛЕРИЙ НИКОЛАЕВИЧ[6)]

Родился в 1946 г. в Сырдарьинской области. Окончил Краснокутское летное училище (1967) и Ленинградскую академию гражданской авиации (1975).

Заместитель начальника Управления гражданской авиации Узбекистана по организации полетов. С 1992 по 1998 гг. – заместитель генерального директора, первый заместитель генерального директора Национальной авиакомпании "Ўзбекистон хаво йўллари". С 1998 по 2002 гг. – начальник государственной инспекции по контролю за безопасностью полетов. Генеральный директор национальной авиакомпании Республики Узбекистан "Хаво Йуллари" (2002-2017). Председатель Совета межгосударственного авиационного комитета СНГ.

С 2010 г. сенатор Сената Олий Мажлиса Республики Узбекистан.

6) Нам О. Валерий Николаевич Тян: "Я – продукт двух депортаций" // Краткие очерки о выдающихся корейцах Узбекистана. Книга вторая. – Т.: Истиклол, 2009. – С. 24-30; http://www.centrasia.ru/person2.php?st=1056554336

С 6 января 2017 – зам. председателя Национального Олимпийского комитета Узбекистана. С 2020 г. – Зам. председателя Комитета по межнациональным отношениям и дружественным связям с зарубежными странами при КМ РУз..

Награждён орденами Республики Узбекистан: орден "Мехнат шухрати" (2000), орден "Дўстлик" (2006). Заслуженный работник транспорта Республики Узбекистан (1993).

Глава 3

Корейцы в науке и образовании

1. Историческая справка

Первые корейские диссертации появляются уже в начале 1950-х. Корейцы защищают диссертации на степени кандидатов и докторов наук в области физики, математики, геологии, инженерии, сельского хозяйства, ветеринарных наук, географии, химии, биологии, медицины, фармацевтики, философии, истории, экономики, политологии, права, филологии, педагогики и искусствоведения. Корейцы Узбекистана, согласно справочнику корейских ученых Узбекистана, защитили более 300 докторских и кандидатских диссертаций.

Среди корейских ученых Узбекистана были один член

Академии наук Узбекистана (в области экономики), 2 ректора и 8 проректоров университетов, 1 заместитель директора академического научно-исследовательского института, десятки деканов, заведующих кафедрами и лабораториями в университетах, исследовательских и проектных институтах.

В системе школьного образования корейцы широко представлены от преподавателей до директоров школ.

Среди корейцев Узбекистана – обладатели званий «Народный учитель СССР» (1), «Заслуженный деятель науки Узбекской ССР» (3), «Заслуженный работник народного образования Узбекской ССР» (6), «Заслуженный учитель Узбекской ССР» (28), «Заслуженный работник народного образования Республики Узбекистан» (1), лауреаты Ленинской и Государственных премий СССР.

2. Персоналии

◎ КИМ ГЕННАДИЙ ГИЕНОВИЧ[1]

Родился в 1942 г. в Ташкентской области. Окончил Узбекский государственный институт физической культуры и биологический факультет Ташкентского

---

1) Лим Р. А. Геннадий Гиенович Ким // Краткие очерки о выдающихся корейцах Узбекистана. Книга вторая. – Т.: Истиклол, 2009. – С. 84-90.

государственного университета (1974). Доктор биологических наук (1999), профессор Ташкентского института текстильной и легкой промышленности. Автор около 100 научных трудов.

Заместитель председателя научно-технического общества "Тинбо". Мастер спорта по самбо.

◎ КИМ ЛАРИСА ПЕТРОВНА[2]

Родилась в 1933 г. в г. Чита. Окончила Ташкентский государственный университет (1957).

Кандидат химических наук (1967), заведующий лабораторией Среднеазиатского научно-исследовательского и проектного института цветной металлургии, заведующий Центра стандартных образцов и методик выполнения измерений количественного химического анализа НИИ стандартизации, метрологии и сертификации.

---

2) Мы родом из сурового детства // Краткие очерки о выдающихся корейцах Узбекистана. Книга четвертая. – Т.: Чинор ЭНК, 2015. – С. 53-56.

Автор более 120 научных трудов. Член рабочей группы по стандартным образцам Межгосударственного совета СНГ по стандартизации, метрологии и сертификации. Член рабочей группы по стандартным образцам международной организации "КООМЕТ".

◎ КИМ РОБЕРТ ГРИГОРЬЕВИЧ[3]

Родился в 1944 г. в Сырдарье. Окончил агрономический факультет Ташкентского сельскохозяйственного института (1972). Защитил кандидатскую диссертацию (1985). Доктор сельскохозяйственных наук (2009),

Заведующий лабораторией селекции скороспелых, низкорослых сортов хлопчатника Узбекского научно-исследовательского института селекции и семеноводства хлопчатника.

Автор более 120 научных работ. Член Российской академии естественных наук, член Международной академии информационных наук. Кавалер ордена «Дустлик».

---

3) Соперничество длиною в жизнь // Краткие очерки о выдающихся корейцах Узбекистана. Книга третья. – Т.: Чинор ЭНК, 2012. – С. 42-48.

◎ КИМ ЭДУАРД ГРИГОРЬЕВИЧ [4]

Родился в 1953 г. в г. Ташкенте. Окончил лечебный факультет Ташкентского государственного медицинского института (1974).

Доктор медицинских наук (1991), профессор, заведующий кафедрой нетрадиционной медицины и косметологии хирургии Ташкентского 2-го медицинского института (1990-2004), директор первого в Узбекистане Центра эстетической хирургии "Чирой".

Автор около 100 научных работ, стажировался в Германии, Южной Корее.

◎ ЛИ БРОНИСЛАВ СЕРГЕЕВИЧ (1939-2021) [5]

Родился в 1939 г. в г. Той-Тепа Ташкентской области. Окончил Киевский политехнический институт (1962) и Ташкентский педагогический институт иностранных языков (1967).

Кандидат экономических наук (1972), доктор экономических наук (1986), профессор.

---

4) Нам О. Корейский пигмалион // Краткие очерки о выдающихся корейцах Узбекистана. Книга вторая. – Т.: Истиклол, 2009. – С. 128-134.

5) Монолог с отступлениями // Краткие очерки о выдающихся корейцах Узбекистана. Книга третья. – Т.: Чинор ЭНК, 2012. – С. 49-56; Ким Б. Корейцы Узбекистана. Кто есть кто. – Т., 1995. – С. 71.

 Работал в Институте экономики Академии наук Узбекистана, заведующим отделом и заместителем директора Научно-исследовательского института экономики и нормативов при Госплане УзССР, заведующим кафедрой управления в Институте повышения квалификации Гостроя УзССР, генеральным менеджером СП «ДЭУ Электроникс», представителем Министерства труда Узбекистана в Республике Корея, зав. кафедрой корейского языка и литературы Ташкентского государственного педагогического университета им. Низами.

Автор около 100 научных работ.

В 1990-91 гг. – вице-президент АСОК (Ассоциации по содействию объединению Кореи).

◎ ПАК НИКОЛАЙ ПЕТРОВИЧ[6]

Родился в 1935 году в городе Сучан Приморского края. В 1937 году семья была принудительна переселена.

В 1953 году окончил школу. Окончил Рязанский медицинский институт и получил направление в Кемеровскую область, в больницу г. Анжеро-Судженска.

---

[6] Краткие очерки о выдающихся корейцах Узбекистана. Книга первая. – Т.: Истиклол, 2006. – С. 141.

За 4 года работы в больнице прооперировал свыше 1000 больных.

В 1963 г. переезжает в Ташкент. Работал хирургом в военном госпитале.

В 1970 г. защищает кандидатскую диссертацию. В этом же году устраивается на работу в научно-исследовательскую лабораторию Ташкентского медицинского института. Вместе с сотрудниками организовывает отделение искусственной почки и в 1972 г. проводит первую операцию по пересадке почки. Назревает необходимость в создании центра трансплантации почек, и в том же году на базе Проблемной научно-исследовательской лаборатории при ТашМИ по преодолению тканевой несовместимости при пересадке органов и тканей создается Республиканский центр трансплантации почек.

В 1979 г. Николай Петрович защищает докторскую диссертацию и становится руководителем Республиканского центра трансплантации почек.

В 1983 г. за разработку новых методов лечения больных с почечной недостаточностью Н.П. Пак был удостоен Государственной премии в области науки и техники им. Беруни.

В 1980 году – профессор кафедры хирургии ТашМИ, а с 1985 г. – заведующий этой кафедрой.

Автор 130 научных работ. Им подготовлено 15 кандидатов и 5 докторов наук. На его счету свыше 300 операций по трансплантации почек.

Главный специалист по гемодиализу Министерства здравоохранения Республики Узбекистан, председатель секции медицины НТО «Тинбо».

◎ ТЕН ЛЕОНИД НИКОЛАЕВИЧ[7]

Родился в 1949 г. Окончил химический факультет Ташкентского государственного университета (1971).

Кандидат химических наук, доцент, лауреат премии Ленинского комсомола в области науки и техники (1979).

Работал в Национальном университете Узбекистана, а также в Южной Корее - Korean Research Institute of Chemical Technology, Korea Ginseng and Tobacco Research Institute, Gyeongsang National University, Korean Advanced Institute of Science and Technology, Pai Chai University.

---

7) Я – химик и этим интересен // Краткие очерки о выдающихся корейцах Узбекистана. Книга четвертая. – Т.: Чинор ЭНК, 2015. – С. 142-151.

Автор около 100 научных публикаций.

◎ ТЕН СЕРГЕЙ АЛЕКСАНДРОВИЧ[8)]

Родился в 1933 г. в Приморском крае. Окончил Самаркандский государственный медицинский институт (1963).

Доктор медицинских наук (1989), профессор, зам. декана педиатрического факультета Самаркандского медицинского института (1977-1981), заведующий кафедрой "Анатомия человека" (1990-2009 гг.).

Автор около 200 научных работ, выступал с докладами в России, Таджикистане, Литве, Корее, Турции, Украине, Казахстане. Зам. главного редактора журнала "Проблемы биологии и медицины".

◎ ХАН ВАЛЕРИЙ СЕРГЕЕВИЧ[9)]

Родился в 1959 г. в г. Карши. Окончил философский факультет (1982) и аспирантуру МГУ (1985). Кандидат философских наук (МГУ, 1986), доцент (1992). Область научных интересов – философия, социология, этнология и корееведение.

Работал советником ректора и директором Центра

---

8) Ким А. И. Сергей Александрович Тен // Краткие очерки о выдающихся корейцах Узбекистана. Книга вторая. – Т.: Истиклол, 2009. – С. 160-170.
9) http://tarix.academia.edu/ValeriyKhan

стратегического планирования НУУз, советником ректора и зав. кафедрой Ташкентского педуниверситета, советником директора Научно-исследовательского центра «Оила» при КМ Руз, зам. директора Института истории АН Руз, гл. специалистом Центра новейшей истории при Минвуз, доцентом Университета мировй экономики дипломатии и Ташкентского гос. экономического университета.

Преподавал в университетах Южной Кореи – Hoseo (1998-2000), Hanyang, Sungkyunkwan (2011).

Выступал с публичными лекциями во многих университетах США и Кореи. Участвовал на 105 конференциях, в том числе 85 международных, в Узбекистане, Казахстане, Кыргызстане, Армении, Украине, России, Турции, Венгрии, Великобритании, Румынии, Германии, Франции, Швеции, Швейцарии, Норвегии, Индии, Корее, США и Новой Зеландии.

Автор более 150 научных трудов, опубликованных в 14 странах мира на различных языках.

Участник более 20 международных научных проектов (США, Корея, ЕС, Швейцария). Обладатель грантов

Fulbright, IREX, AKS и Korea Foundation. Член редколлегии 12 международных научных журналов в Узбекистане, Казахстане, Кыргызстане, России, Индии, Турции и Корее. Член 10 научных ассоциаций (Узбекистан, Корея, Европейский Союз, США).

Являлся членом Совета АККЦ (2003-2018) и Консультативного совета по демократическому и мирному объединению Кореи при Президенте РК (2001-2005), советником председателя АККЦ по вопросам истории и стратегического развития корейской диаспоры.

◎ ХАН ГЕННАДИЙ ВАСИЛЬЕВИЧ[10]

Родился в 1965 г. Окончил Ташкентский медицинский институт (1992). Кандидат медицинских наук (2003), заведующий Республиканского центра лазерной хирургии.

Заведующий редакцией "Хирургия Узбекистана" (1999).

---

10) Найти свое призвание // Краткие очерки о выдающихся корейцах Узбекистана. Книга четвертая. – Т.: Чинор ЭНК, 2015. – С. 152-156.

◎ ШЕК АЛЕКСАНДР БОРИСОВИЧ[11]

Родился в 1959 г. в Тахиаташе в Каракалпакии. Окончил Ташкентский медицинский институт (1982).

Защитил кандидатскую диссертацию в 1992 г. Доктор медицинских наук (2004), заместитель директора и руководитель отдела Ишемической болезни сердца и атеросклероза Республиканского специализированного центра кардиологии. Член рабочей группы СНГ по диагностике и лечении ишемической болезни сердца.

Участник многих международных симпозиумов.

◎ ЭМ ВЯЧЕСЛАВ ТЕРЕНТЬЕВИЧ[12]

Родился в 1945 г. в Ташкентской области. Окончил факультет теоретической и экспериментальной физики Московского инженерно – физического института с отличием (1969).

Работал в Институте ядерной физики АН РУз. Защитил кандидатскую диссертацию в 1975 г.,

---

11) Нам О. Александр Борисович Шек: "Нас уже смело можно назвать династией" // Краткие очерки о выдающихся корейцах Узбекистана. Книга вторая. – Т.: Истиклол, 2009. – С. 181-185.

12) Лим Р. А. Вячеслав Терентьевич Эм // Краткие очерки о выдающихся корейцах Узбекистана. Книга вторая. – Т.: Истиклол, 2009. – С. 201-203.

докторскую – в 1991 г.

В 1991 году возглавил лабораторию структуры твёрдых тел в Институте ядерной физики АН РУз.

Автор более 100 научных статей.

Эм В.Т. приглашают в Тэджонский университет, где в течении нескольких лет он читал лекции.

Его изысканиями заинтересовались в Институте атомной энергии в городе Тэджон (Республика Корея), куда он и был приглашён в качестве научного эксперта.

Первым создал научно-техническое общество корейских учёных «Тинбо». Почётный председатель общества.

◎ ЮГАЙ ЛЕВ ПАВЛОВИЧ[13]

Родился в 1947 г. в Ташкентской области. Окончил Ташкентский государственный университет и аспирантуру Московского государственного университета.

Доктор физико-математических наук (1997), профессор, зав. кафедрой, зам. декана ТашГУ (1976-1991), профессор Сычуаньского университета (Китай, 1991-1992), зав. кафедрой Ташкентского государственного

---

13) Ли Н. Лев Павлович Югай - в гармонии тела и ума // Краткие очерки о выдающихся корейцах Узбекистана. Книга вторая. – Т.: Истиклол, 2009. – С. 214-223.

института востоковедения (1992-1995).

Автор более 100 научных публикаций. Читал лекции и выступал с докладами в Китае, Корее, Германии, Австрии, Японии, Индии, Чехии, России, Украине.

Мастер спорта СССР по самбо и дзюдо, обладатель 7 дана по дзюдо, судья международной категории, президент Федерации сирым Узбекистана. Начальник Управления Олимпийского и спортивного резерва Министерства по делам культуры и спорта Узбекистана.

◎ ЮН ЛЮБОВЬ МИРОНОВНА[14]

Родилась в 1939 г. в Каратальском районе Талды-Курганской области в Казахстане. Окончила Ленинградский университет (1963).

Работала в Институте химии АН Узбекистана. Доктор химических наук (1990), автор более 100 научных

---

14) Ли Н. Любовь Мироновна Юн - поэма о вечной любви // Краткие очерки о выдающихся корейцах Узбекистана. Книга четвертая. – Т.: Чинор ЭНК, 2015. – С. 224-236.

трудов. Выступала с докладами в России, Казахстане, Корее, Великобритании, США, Японии.

Заслуженный изобретатель СССР.

С 1998 г. - председатель научно-технического общества "Тинбо". Член Консультативного совета по мирному объединению Кореи.

Глава 4

Корейцы в литературе и средствах массовой информации

1. Историческая справка

Как и в советский период, корейцы продолжают работать в сфере литературы и средствах массовой информации. Если говорить о литературе, то в советский период корейцы в основном работали в жанре поэзии (небольшие стихотворения) и в прозе малого формата (рассказы, небольшие повести).

В годы независимости среди корейцев Узбекистана впервые появляются романисты (Ким В. Н., роман «Кимы»). Наряду с типичными для советского периода рассказами в стиле реализма появляются рассказы, построенные в жанре фэнтези и психологической драмы. Однако, как и в советский период, существует проблема профессиональной литературы. Для всех корейских авторов литературное творчество по-прежнему существует в виде хобби.

Если говорить о средствах массовой информации, то в годы независимости происходят три важных события в жизни коре сарам: появляются корейская передача «Чинсэн» (создатель Р. Пак), собственная газета корейцев Узбекистана «Корё синмун» (гл. редактор Б. Ким) и веб-сайт koryo-saram. ru (основатель и модератор В. Хан), ставший популярным среди всех корейцев СНГ.

2. Персоналии

◎ ДЮГАЙ ПЛАТОН ВЛАДИМИРОВИЧ[1]

Родился в 1950 г. в селе Новомихайловка Янгиюльского района Ташкентской области. Окончил Ташкентский государственный университет (1985).

Работал заместителем редактора газеты «Джизакская правда», редактором отдела парламента,

1) Вера в свое предназначение // Краткие очерки о выдающихся корейцах Узбекистана. Книга третья. – Т.: Чинор ЭНК, 2012. – С. 21-27.

политики, права и международной жизни правительственной газеты «Народное слово».

Автор сборника стихов и прозы «Абрис осеннего дня», «Силуэты убывающего лета».

Награждён орденами (1992, 2001). Член Международной ассоциации писателей и публицистов.

◎ КИМ БРУТТ ИННОКЕНТЬЕВИЧ[2]

Родился 31 октября 1959 г. в поселке Боз Андижанской области. Окончил факультет журналистики Ташкентского государственного университета (1978). В 1978-1997 годах – собственный корреспондент межреспубликанской корейской газеты «Ленин кичи».

В 1997 г. создает газету узбекистанских корейцев «Корё синмун» и является ее главным редактором.

Автор книги «Кто мы?» (Сеул, 1988) на корейском языке. Это первое в бывшем СССР издание, посвященное советским корейцам и опубликованное в Южной Корее. Русское издание, переведенное и дополненное, вышло под названием «Ветры наших судеб» (Ташкент, 1991)

---

2) Хранитель времени и традиций // Краткие очерки о выдающихся корейцах Узбекистана. Книга вторая. – Т.: Истиклол, 2009. – С. 56-74.

Автор справочного издания «Корейцы Узбекистана. Кто есть кто?» (Сеул, 1999) на русском языке. Составитель и ответственный редактор книг: «От Тумангана до Сырдарьи» (Ташкент, 2007), «Мучнистые росы корейского Ренессанса» (Ташкент, 2007), «Ариран – 1937» (Ташкент, 2007).

Награды: Медаль «За трудовое отличие» (1988), Лауреат премии Союза журналистов Казахстана, Почетные грамоты Президента Республики Корея (2002, 2005).

Член Консультативного комитета по мирному объединению Кореи (1999-2005). Член президиума Совета Ассоциации корейских культурных центров Узбекистана (2000-2020 гг.).

◎ КИМ ВЛАДИМИР НАУМОВИЧ[3]

Родился в 1946 г. под Ташкентом. В детстве, до 12 лет, жил с родителями в КНДР. Вернулся в Узбекистан в 1958 г. Окончил факультет журналистики Ташкентского государственного университета в 1973 г. Работал в газетах «Ташкентский университет» и «Комсомолец Узбекистана».

---

3) Ким Б. Корейцы Узбекистана. Кто есть кто. – Т., 1995. – С. 44; Век жизни одной семьи // Краткие очерки о выдающихся корейцах Узбекистана. Книга третья. – Т.: Чинор ЭНК, 2012. – С. 28-34.

С 1980 г. – собственный корреспондент, а затем заведующий ташкентским корреспондентским пунктом корейской газеты «Ленин кичи» (ныне «Корё ильбо»).

Автор книги «Ушедшие вдаль» (Санкт-Петербург, 1997; на корейском языке издана в Южной Корее в 2010 г.), романа «Кимы» (2003), сборника рассказов и статей «Там, где плачет жаворонок» (2010).

В. Н. Ким – один из зачинателей корейского движения в годы перестройки, являлся заместителем председателя Республиканского организационного комитета по созданию корейских культурных центров.

Награды: Заслуженный журналист Узбекистана (1988).

◎ КИМ МАРТА[4]

Родилась в 1949 г. в селе Барданкуль Ташкентской области. Окончила филологический факультет Ташкентского государственного университета (1972 г.). Многие годы работала научным редактором в научно-исследовательском институте охраны труда и научным

---

4) Ким Б. Корейцы Узбекистана. Кто есть кто. – Т., 1995. – С. 52; Счастье жить // Краткие очерки о выдающихся корейцах Узбекистана. Книга третья. – Т.: Чинор ЭНК, 2012. – С. 39-41.

редактором журнала «Преподавание языка и литературы». Поэтесса, член Союза писателей Узбекистана.

Автор поэтических сборников «Разные миры» (1994), «Эхо» (1996), «Полнолуние» (1998), «Роза ветров» (2001), «Круговерть. Стихи, очерки, рассказы» (2006), «Острова» (2010).

◎ ЛИ ВЛАДИМИР НИКОЛАЕВИЧ [5]

Журналист.

Родился в 1947 г. Окончил факультет журналистики Ташкентского государственного университета (1975).

С 1985 г. собственный корреспондент, а затем заведующий Ташкентским корпунктом газеты "Корё ильбо" (1990-1994).

Автор книги "Берег надежды" (Ташкент, 2012), посвященной корейской диаспоре Узбекистана.

---

5) Из реки по имени факт // Краткие очерки о выдающихся корейцах Узбекистана. Книга четвертая. – Т.: Чинор ЭНК, 2015. – С. 86-94

◎ ЛИ ВЯЧЕСЛАВ БОРИСОВИЧ[6)]

Журналист, поэт.

Родился в 1944 году в г. Аккурган Верхнечирчикского района Ташкентской области.

Окончил Московский государственный педагогический институт имени Ленина (1972). По окончании института Вячеслав Ли работал учителем сельской школы. Писал стихи, которые публиковались в республиканской периодической печати. Работал корреспондентом газеты «Пионер Востока», собственным корреспондентом межреспубликанской корейской газеты «Ленин кичи» (с 1991 года – «Корё ильбо»).

Занял 3-е место на Республиканском конкурсе короткого рассказа.

Автор сборников стихов "Лепестки времени" (2000), «Под взглядом судьбы» (2016).

◎ ЛЮ ГЕННАДИЙ ИВАНОВИЧ[7)]

Журналист.

Родился 12 октября 1946 г. в Верхневолынском районе

6) Ким Б. Корейцы Узбекистана. Кто есть кто. – Т., 1995. – С. 72.
7) Быть востребованным // Краткие очерки о выдающихся корейцах Узбекистана. Книга третья. – Т.: Чинор ЭНК, 2012. – С. 63-68.

Сырдарьинской области. Окончил филологический факультет Ташкентского государственного университета (1970).

Работал в республиканских газетах «Комсомолец Узбекистана», заместителем главного редактора «Сельская правда» (1987-1989), главным редактором «Советская Каракалпакия» (1989-1991), заведующим отделом «Правда Востока». Возглавлял ташкентский филиал журнала «Коре сарам» (Санкт-Петербург). Автор книг «Модель Мадиярова», «Золотое перо Кореи».

Избирался депутатом Верховного Совета Каракалпакстана.

Награждён орденом «Дустлик».

◎ ПАК РИТА ИСЕКОВНА[8)]

Рита Исековна Пак родилась в 1960 году в городе Гурьеве (ныне Атырау, Казахстан). В 4 года переехала вместе с родителями в Узбекистан. Без отрыва от производства окончила факультет журналистики Ташкентского

---

8) Сен И. «В эфире – «Дружба» // Корё Ильбо. 13.07.2012 «Чинсэну – четверть века» [Электронный ресурс]. URL: https://koryo-saram.ru/ chinsenu-chetvert-veka/ (дата обращения: 6.12.2017) Интервью, март 2017 г.

государственного университета. В 18 лет пришла работать в студию Узбекского телевидения машинисткой. В 1990-е годы ей предложили место тележурналиста в программе «Чинсэн», где она работает и поныне.

В 2015 году Корейская программа «Чинсэн» («Дружба») на Узбекском государственном телевидении году отметила свое 25-летие (основана в марте 1990 года). Первые 2 года «Чинсэн» вела Инна Сон, затем ее сменила Рита Пак, которая вот уже более двадцати четырех лет рассказывает зрителям о многообразной жизни корейцев Узбекистана. Она часто выступает здесь не только как ведущая, но и как сценарист. Передача выходит на русском языке. Однако в настоящее время в ней готовится много материалов, связанных с Кореей, интервью с южнокорейскими гражданами, поэтому программа стала двуязычной (внизу даются титры на русском языке).

В 1995 году Рита Пак впервые поехала в Республику Корея на Всемирный фестиваль телевизионных корейских программ, а на следующий год ее фильм под названием «Человек года» - о бизнесмене Вячеславе Киме был удостоен 3 места на конкурсе «Сеул прайз», учрежденный телекомпанией KBS.

И в последующие годы она становилась лауреатом этого конкурса: в 1997 г. – за фильм «Так кто же мы?», в 2007 г. – за фильм «Дорога длиною в жизнь», в 2009 г. – за фильм «Моя жизнь в танце», в 2010 г. – за фильм «Звезда по имени Аннёнг», в 2011 г. – за фильм «Письмо 20-летнему сыну».

◎ ХАН ВЛАДИСЛАВ ВИКТОРОВИЧ[9]

Родился 12 июня 1952 года в корейском колхозе им. Свердлова Верхне-Чирчикского района Ташкентской области. Окончил Республиканский педагогический институт русского языка и литературы (г. Ташкент, 1978 г.).

Работал учителем в школе и на различных производствах.

В 2014 году участвовал в качестве автора-составителя в создании книги «Корё сарам» (Москва), изданный к 150-летию переселения корейцев в Россию. Участник ряда международных конференций, посвященных русскоязычным корейцам.

Создатель (2009 г.) и действующий модератор популярного среди корейцев СНГ веб-сайта koryo-saram.ru.

9) Создатель сайта «kore saram.ru» // Краткие очерки о выдающихся корейцах Узбекистана. Книга третья. – Т.: Чинор ЭНК, 2012. – С. 125-128.

Глава 5

Корейцы - художники

1. Историческая справка[1]

Из статьи Еремян Р. В. Корейские художники Узбекистана на выставках и мастерских // Десять лет спустя. К 10-й годовщине Ассоциации корейских культурных центров Узбекистана. – Ташкент-Сеул, 2001. – С. 93-109 (сокращенный вариант).

«К настоящему времени искусство корейских художников в Узбекистане представлено несколькими поколениями. Старшие П. Г. Лим, П. И. Тен, Н. Г. Цой, В. С. Тий и многие другие попали в Среднюю Азию с Дальнего Востока будучи

---

[1] Еремян Р. В. Корейские художники Узбекистана на выставках и мастерских // Десять лет спустя. К 10-й годовщине Ассоциации корейских культурных центров Узбекистана. – Ташкент-Сеул, 2001. – С. 93-109.

детьми. Среди переселенцев были художники традиционной школы, каллиграфы, но трагические события повернули их судьбы на выживание, и в лучшем случае они стали наставниками своих детей, сами уже не обращаясь к кисти.

Б. А. Ким, Те Менгын, Н. С. Пак, Н. А. Ким, П. Г. Лим, В. С. Тий, Н. Д. Тен, П. И. Тен, Н. С. Шин, Н. В. Нам, В. И. Лигай, А. М. Квон, В. С. Ан, В. А. Ким – отдельные имена художников старшего поколения, получивших известность и признание. Н. С. Пак, Н. С. Шин, Н. В. Нам, художники театра В. И. Лигай и Б. А. Ким удостоены почетных званий Узбекистана. В 1997 г. Н. С. Шин награжден золотой Звездой Кореи, став первым зарубежным гражданином, удостоенным этой награды.

Корейские художники явились новаторами искусства Узбекистана во многих случаях: претворение станковой картины в монументальное полотно – Н. С. Пак, Н. С. Шин; оратория труда – Вен. С. Ким; Н. В. Нам – машинная вышивка, образное сплетение реальности и символа. Весомый вклад в развитие лаковой миниатюры В. С. Ана, роль В. С. Тия в эстетике книжной графики. Зачастую они лидируют в ритмике, пространственных задачах, эволюции колорита, технологии живописи и графики, обновлении выразительных средств и жанров.

Владимир Степанович Тий посвятил себя оформлению книги. Начав работу в 1953 году, он привнес в книжное дело Узбекистана новые компоненты облегченной орнаментальности, способствовал поднятию уровня оформления книжной продукции. <···> В.С. Тий многократно награждался дипломами и грамотами Международных выставок книг, Межреспубликанских конкурсов за успехи в оформлении и полиграфическом исполнении книг и изопродукции.

Художник-конструктор Павел Герасимович Лим вернулся в Узбекистан 1965 году по окончании Московского строительного института (1948), Одесского художественного училища (1957), Ленинградского высшего художественно-промышленного училища им. В.И. Мухиной (1963). Его художественное конструирование получило внедрение в России: рентгеноаппаратура (Ленинградский завод "Буревестник", 1960), мотоцикл (Ижевский завод, 1962), автомобили (1962), телекамера (1963), приборы по электронике (1965). В Узбекистане среди осуществленных работ: прядильная машина, комплекс автоматов химических машин, предметы культобихода, например, известные кресло-вертушка и настольная лампа с цилиндрическим абажуром.

Нет ни одной грани творчества, которой бы ни коснулась деятельность корейских художников Узбекистана. Лаковая миниатюра – В. С. Ан, Н. А. Нам, Н.В. Цой. Театр – Те Менгын, С. М. Цой, В. И. Лигай, Б. А. Ким. Кино – С. Б. Эгай; мультипликация – К. В. Цой; кукольная мультипликация –

Н. С. Цхе. Декоративно-прикладное искусство – Р. И. Нагай (батик, техника перевязки бандан), З. Б. Ким (фарфор), С. М. Цой (флористика). Чистую графику представляет рисунок Вен. С. Кима, книжная графика Э. С. Кигая, офорты А. Д. Ли, иллюстрации Г. Г. Ли, дизайн книги Г. Ф. Ким.

С керамики начинали С. Б.Эгай, Н. В. Нам. Целенаправленно работают с шамотом, глиной, глазурями Ю. П. Ким, Н. М. Ким, Н. И. Пак, Р. Т. Угай, Ю. С. Магай, З. Б. Ким. В многочисленный "цех" керамистов входят Г. Н. Ким, О. Н. Ким, В. Ф. Ким, Н. Н. Ким, А. С. Магай, Ф. С. Ким, С. А. Пак, Ю. Н. Ким, А. Б. Лим И др. Освоили керамику график В. Ё. Ли, модельер Д. И. Тен, живописец Е. М. Ли.

Деятельность в скульптуре Николая Михайловича Пака представляет другое направление, в чертах европейского ваяния. <···> Основной жанр его творчества – портрет, который группируется в серии "Труженики сельского хозяйства", "Ветераны Отечественной войны", "Дети в истории и современности". Сорок лет творческой деятельности Н.М. Пака связаны с Хорезмом: работа художником в Ургенчском государственном музыкально-драматическом театре им. Огахи (1956-1960) и плакатистом; после создания Ургенчских художественно-производственных мастерских в 1964 г. он смог полностью отдаться скульптуре. К известным произведениям относятся "Рисовод Пак Дионос" (1961-1962), "Бригадир-рисовод Н.М. Пак" (1968).

Накануне переезда в Ташкент Н.М. Пак участвует в осуществлении монументального проекта "Памятник землякам-янгибазарцам Гурленского района Хорезмской области" (1980).

Интересно проявил себя в скульптуре Николай Нам. Овеянные поэзией радости статуэтки, задуманные для памятного тиражирования, оставались в единичных экземплярах из-за трудностей литья. "Женщина с кувшином" (1975) Н. В. Нама, поздняя работа Н. М. Пака "Юй-Фархад" (1986) и произведения скульптора нового поколения В. И. Пака "Перепёлка" (1994), "Борец сумо" (1998) характеризуются тонким слиянием черт скульптуры Китая и Восточной Азии с европейской школой.

Характерное для 80-х годов высвобождение философско-поэтической струи разнообразит стилевую картину. Оно усиливается к середине десятилетия и в начале следующего, подготавливая простор фантазии у художников 90-х. На смену подспудному излучению массива культурного наследия приходит открытое "наглядное" извлечение опыта из сокровищницы Востока. Свое глубокое понимание у корейских авторов получила тема природы, и работа скульпторов Георгия Кима и Владимира Пака.

Показательно обращение корейских художников Узбекистана к автопортрету; они демонстрируют пример, когда произведение возникает в стилистических признаках, неотрывных от социальных явлений, с психологическими нюансами историко-культурного порядка. Автопортреты Н. С. Пака от раннего, 1939 г. создания, переходят к крупноформатным картинным решениям. Они появляются в 1974-1978 гг. в апогее героического звучания создаваемых им образов рядом с полотнами "Земля" ("Цой Ен Ген"), "Председатель", "Дважды Герой Труда Ким Пен Хва", портретами колхозников, музыковедов, артистов, художников. Вплоть до профильного решения 1992 г. автопортреты Николая Семеновича Пака вписываются в приподнятый тонус национальной и творческой гордости.

Форма самопознания в личностной окраске привлекает доверительным откровением художников. Оно развернуто в биографических фактах и эмоционально-сюжетным образным воздействием вплетается в представление о человеческом сообществе. Образы встраиваются духовным наполнением в повествование о художнике и времени, при котором частности автобиографических откровений и многогранность проявления жизни взаимосвязаны. В. А. Те, А. В. Ли, И. И. Шин, К. В. Эм, Ж. В. Пак (Цой), С. М. Цой, Н. Ён, А. Л. Ли, Т. А. Ли, Д. Г. Пак, С. Г. Шин, Е. М. Ли, М. В. Пак, В. В. Ким, В. Ё. Ли обогащают представление о художнике сопричастностью огню творчества, утверждая свой стиль красочных форм в трудном процессе осознания его миссии.

Аналитический подход, несущий эпохальное звучание

голоса народа, проявленный Н. С. Паком, Н. С. Шином, Вен. С. Кимом, сменяется более камерным у молодых коллег и художников, обратившихся к автопортрету в поздние годы своего творчества; нарастает подчёркнутая индивидуальная обрисовка. Жанна Пак (Цой) из города Чиназа выходит автопортретом (1976) на Всесоюзную выставку "Молодость страны" в Москве. Автопортрет (1988) А. П. Ли с московского вернисажа 11-ти узбекистанских художников "Под знаком Всевидящего Ока" (1991) попадает в собрание французского коллекционера. Меняется девиз жанра. От категорично утвердительного, когда в своем облике художник запечатлевает память о целом поколении, живописцы нового этапа формирования выдвигают личностную самооценку. Примечательны вдумчивой самоуглубленностью Светлана Цой, Дюмон Пак. Искра Шин, Вероника Ли.

Автопортреты Елены Ли заключают в себе колдовство преображений, полны неистощимой фантазии, жара темперамента, скоростной динамики. Разнообразные трактовки "Автопортрет с черным нимбом" (1990), "Странницы" (1995), "Гадалка" (1996), "Клеопатра" (1998), "Француженка" (2000) ведут к новой жизненности автопортретных заключений.

Содержанием произведений корейских художников Узбекистана определяется свет, тем не менее высокая концентрация духовных сил отражает минувшее. Свет определяется в прямом и переносном смысле слова: в сложных средствах воплощения, как у Н. И. Пака; надежды и веры – А. Д. Лигая; свет нового сезона, весны – И. И. Шин; свет одухотворенности – И. Н. Шина; свет разума – в диптихе "Инь - Ян" А. В. и Г. Г. Ли; свет красок – Т. А. и М. А. Ли; свет проницательной колористической чуткости – Л. С. Ким; свет, выявляющий форму созданий, – Н. С. Шина и Вен. С. Кима; свет необъятных массивов Г.Н. Кима и горных увертюр Л. С. Кана. Он исходит от книжной графики В. С. Тия и монтажа легких линий Э. С. Кигая, просторов холстов Н. С. Пака и сюзане Н. В. Нама, флористики С. М. Цой, оживленных конфигураций В. И. Пака и А. Б. Лима, костюмного бала Д. И. Тена.

Он присутствует в панорамных драматических пейзажах М. В. Хегая. Особый свет, рассеянного хроматического потока, равно озаряет ландшафты Мира Хегая, звучащие трагическим рефреном истории, – "Посвящение Карлагу" (1991); "Мавзолей Джахангира в Шахрисабзе" (1992).

Другое направление представляют художники, чье творчество проявляется в богатейших музыкально-пластических импровизациях. Это – Н. И. Пак, И. И. Шин, В. Сем. Ким.

Модернистские признаки у корейских художников Узбекистана не превалируют; сильна национальная традиция культуры с неделимостью её проявлений. Черты экспрессионизма, футуризма, супрематизма с позиций современного понимания стилей в миросозерцании корейских художников имеют свои истоки.

Рисунчатый почерк многоцветной живописи Марии Ли (М. Сафи Ли) дает возможность искусному рисовальщику развернуть увлекательные сцены ("Сделка", 1994) и превращение ("Русалка", 1999). Начиная с 1991 г., М. Ли усложняет комбинированную технику, раздвинув границы воздействия тонких средств графических произведений от сгруппированных образов глубокого драматизма "Дерево", "Камни", "Облако", "Молчание" (все - 1991) до листа "Письмо от сына" (1993) и виртуозной серии "Морские фантазии" (1994).

Иной художественный строй предлагают ташкентские художники, к которым принадлежит Владимир Сергеевич Ким. "Ловцы бабочек" (1994, 1996), "Танго" (1995), "Охота на бешенных собак" (1995) говорили об авторе, тяготеющем к трагическим развязкам. Картины, действия которых коротко во времени, – дан момент охватки, объединились на персональной выставке в Галерее "Мастер" (1996) с тревожно-вопросительными холстами "Ожидание. 5 утра" (1995), "Утро" (1996), входящими в серию "Время суток". В живописи последних лет В.С. Ким сменяет тягучий колорит предрассветного часа на звонкий, золотистый в частотности изображения зрелых яблок, грибов, чашечек кофе. Новая серия 2000 г. носит название "Маргиналий" - Заметки на полях рукописи. Возможно, к многозначности авторского замысла золотистый блеск является маргиналией к основному, тяжкому взаимодействию сюжетов беспокойного и всегда привлекательного бытия, представленного в прежних сериях. Первая часть "Библейских сюжетов", датированная 1995- 1998 гг., представляет версии известных притч через гротеск в современном обличье ("Поцелуй Иуды", 1996; "Вход в Иерусалим", 1998). Картины широкого морально-исторического обобщения подчиняются иронии эрудита, игре интеллекта современных нонконформистов, урокам едкой остроты Иеронима Босха.

1990-е гг. изобилуют персональными выставками. Снова выступают Н. С. Пак и Н. С. Шин. Состоялись выставки Х. И Кана, Н. М. Ким, В. С. Ана, Н. С. Цхе, А. Д. Лигая. В Андижане и Фергане прошли вернисажи В. И. Лигая и В. А. Кима. И. И. Шин, В. Серг. Ким, В. Сем. Ким, Н. И. Пак, Г. Н. Ким, Г. Г. Ли, А. В. Ли, и В. Ё. Ли, Е. М Ли, Т. А и М. А Ли, А. Д. Ли – представители следующих поколений, развернули персональные экспозиции, причем у многих художников они состоялись неоднократно. Они проходили в выставочных залах разных творческих союзов и культурных центров, офисах и частных галереях, в Узбекистане и дальнем зарубежье.

Академия художеств Узбекистана была образована в январе 1997 г. и активизировала пропаганду творчества корейских художников республики как оригинального и сильного мастерством явления. Республиканские выставки корейских художников Узбекистана стали ежегодными, они проводятся совместно с посольством Республики Корея и Ассоциацией корейских культурных центров Узбекистана».

2.Персоналии

◎ АН ВИКТОР ИВАНОВИЧ[2]

Родился в 1947 г. в г. Пскенте Ташкентской области. По образованию – гидромелиоратор.

Фотографией начал заниматься в 1979 г. Работал фотокорреспондентом корейской газеты «Ленин кичи» («Корё ильбо»). С 2000 г. – член творческого объединения Академии художеств Узбекистана. Член Союза фотохудожников России. Член FIAP.

Персональные выставки: 1995 г. – г. Кобе (Япония), 1996 г. – г. Сеул и г. Тэгу (Корея), 1997 г. – г. Алматы (Казахстан), 2002 г. – г. Ташкент (Узбекистан), 2002 г. – г. Токио, г. Кумамото (Япония), 2007 – г. Ташкент (Узбекистан), 2009 – г. Москва (Россия).

---

2) Фотография – это мое дело // Краткие очерки о выдающихся корейцах Узбекистана. Книга четвертая. – Т.: Чинор ЭНК, 2015. – С. 7-12.

Участник коллективных выставок в Узбекистане, Бельгии, Голландии, Японии.

Авторские фотоальбомы: 1999 г. – «До востребования», «66 лет корейскому театру». Автор иллюстраций к фотоальбому «История корейцев Казахстана» (1997), «Женщина и время. Узбекистан, XX века» (2003), к книге «Депортированные коре сарам» (2003, Япония), к фотоальбому «125 лет узбекской фотографии» (2005-2006, Ташкент).

Награды: серебряная медаль Академии художеств Узбекистана (2007).

◎ АН ВЛАДИМИР СЕРГЕЕВИЧ (АН ИР) [3]

Художник.

Родился в 1929 году в Приморье Дальневосточного края. Окончил Палехское государственное художественное училище им. Горького (Россия) и Высшее педагогическое отделение Московского художественно-промышленного училища (отделение ВУЗа).

Член Союза художников СССР с 1967 года.

Член творческой ассоциации художников Республики Узбекистан.

Награды: 1970 г. - Почетная грамота министра культуры Узбекской ССР, 1985 г. - Отличник

Небо корейца (1995 г.)

народного образования СССР, 1999 г. - Почетная грамота президента Республики Корея Ким Де Чжуна и почетная медаль Президента, 2001 г. - Орден «Дружбы» Республики Узбекистан, 2008 г. - золотая медаль Академии художеств Узбекистана за выдающиеся заслуги в развитии изобразительного искусства Узбекистана.

---

3) Ким А., Лим Р. Владимир Сергеевич Ан // Краткие очерки о выдающихся корейцах Узбекистана. Книга вторая. – Т.: Истиклол, 2009. – С. 39-46.

◎ ЛИ АЛЕКСАНДР ВЛАДИМИРОВИЧ[4)]

Родился в 1941 в г. Маргилане. В 1964 г. окончил Республиканское художественное училище, а в 1969 г. – Ташкентский театрально-художественный институт.

С 1965 г. – участник художественных выставок в республике и за рубежом.

С 1969 г. – художественный редактор издательства им. Гафура Гуляма

С 1972 г. - преподаватель Республиканского художественного училища им. Бенькова.

Дворик, 1999 г.

Ветерок, 2000 г.

---

4) http://artru.info/ar/10083/; https://koryo-saram.ru/hudozhnik-aleksandr-li-zhivopisets-grafik/

С 1974 г. - член Союза Художников /Творческое Объединение Художников Узбекистана

С 1982 г. - преподаватель Национального института художеств и дизайна

В 1991 г. - персональная выставка к 50-летию (Ташкент).

В 2001 г. - персональная выставка к 60-летию (Ташкент).

В 2001 - награжден Серебряной медалью Академии Художеств Узбекистана. В 2017 г. награжден Золотой медалью Академии Художеств Узбекистана.

◎ ЛИ ТАТЬЯНА АЛЕКСАНДРОВНА[5]

Родилась в 1965 г. в г. Ташкенте. Окончила Республиканское художественное училище им. Бенькова (1984) и Ташкентский государственный институт искусств им. М.Уйгура (1991).

С 1993 г. – член творческого объединения при Академии художеств Узбекистана. С 2011 г. – преподаватель ИЗО ДШМИ № 18

Награды: звание «Отличник народного образования» (2014)

---

5) https://koryo-saram.ru/azijskij-dom-vystavka-zhivopisi-i-grafiki/

ОСНОВНЫЕ ВЫСТАВКИ: персональные выставки в г. Ташкенте (1992 г., 1995 г., 2002 г., 2012 г.), г. Алматы (2005 г., 2008 г.), а также других выставках в г. Ташкенте (2001 г., 2003 г., 2004 г., 2005 г., 2010 г., 2011 г., 2012 г., 2013 г., 2015 г., 2016 г., 2017 г.), г. Алматы (2006 г.), г. Москве (2004 г.), в г. г. Кан-Хва в Республике Корея (2000 г.).

◎ ЛИ-САФИ МАРИЯ АЛЕКСАНДРОВНА[6]

Родилась в 1971 г. в г. Ташкент. Узбекистан.

Окончила Республиканское художественное училище им. Бенькова (1990) и Ташкентский государственный институт искусств им. М.Уйгура (1996).

С 1998 г. – член Творческого объединения художников при Академии художеств Узбекистана.

---

6) https://koryo-saram.ru/azijskij-dom-vystavka-zhivopisi-i-grafiki/; http://www.liveinternet.ru/users/4069215/post296565800/

В 1998-2001 гг. – преподаватель в Ташкентском государственном институте искусств им. М. Уйгура. В 2001-2004 гг. – преподаватель в РЛИиПИ.

С 2009 г. – преподаватель кафедры «Книжная графика и миниатюра» Национального института художеств и дизайна К. Бехзода.

ОСНОВНЫЕ ВЫСТАВКИ.

Персональные выставки в г. Ташкенте (1993 г., 2009 г.), а также участие в также других выставках в г. Ташкенте (2001 г., 2004 г., 2005 г., 2009 г., 2010 г., 2011 г., 2012 г., 2015 г., 2016 г., 2017 г.), г. Москве (2004 г.), в г. Кан-Хва в Республике Корея (2000 г.), в Бельгии (2016 г.).

◎ ЛИ ЕЛЕНА МИХАЙЛОВНА[7]

Родилась в 1970 г. в Ташкенте, окончила в 1994 году художественное училище им. П. Бенькова.

С 2002 г. член Творческого объединения Академии художеств Узбекистана.

Участник многих выставок в Узбекистане, Казахстане, Англии, Корее.

Голубые стволы, 2000 г.

_____

7) http://art-blog.uz/archives/21496

Нарциссы, 2015.

◎ ЛИМ ЛАНА СЕРГЕЕВНА [8]

Родилась в 1961 в г. Нукусе. В 1985 году окончила Алма-Атинский театрально-художественный институт.

Член Творческого объединения Академии художеств Узбекистана.

Участница многочисленных республиканских и международных выставок. Её работы находятся в коллекции Дирекции художественных выставок и в частных коллекциях.

---

8) http://art-blog.uz/archives/21496

Композиция, 2013 г.

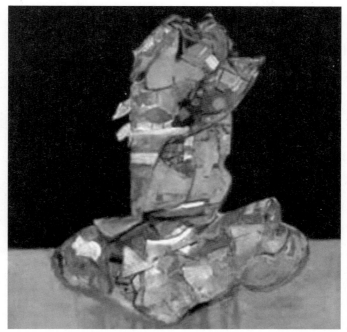

Плачущая девочка, 2013 г.

◎ ПАК НИКОЛАЙ ИЛЬИЧ[9]

Родился в 1955 г. в Казахстане. В 1976-1980 гг. обучался в Республиканском художественном училище им. Бенькова.

В 1991 г. вступил в Союз художников Узбекистана.

Участник многочисленных республиканских и зарубежных выставок. Автор ряда персональных выставок (в 1991 в г. Ташкенте, в 1995 г. – в Германии, в 2000 – г. Сеуле, в 2007 г. – в Австрии).

В настоящее время преподает в Национальном институте художеств и дизайна имени К. Бехзода. Работы Николая

Тарелка, керамика.

Пришелец, 2008 г.

---

9) http://art-blog.uz/archives/5458;http://mg.uz/publish/doc/text60718_otkrylas_
vystavka_nikolaya_paka_zavorojennyy_mig

Пака находятся в музейных и частных коллекциях в Узбекистане и за рубежом.

◎ ТЯН ГЕННАДИЙ ВАСИЛЬЕВИЧ[10)]

Родился в 1950 г. в Средне Чирчикском районе Ташкентской области. Окончил индустриальный техникум в г. Чирчик (1975).

Работает по металлу. Является автором колоколов – символа выставки художников, посвященной 80-летия проживания корейцев в Узбекистане.

---

10) Память. 1937-2017. – Ташкент, 2017. – С. 32.

⊚ ХЕГАЙ МИР ВИКТОРОВИЧ[11]

Родился в 1952 г., в колхозе им. Свердлова (Синендон) Ташкентской области.

В 1969 - 1972 гг. учился в Заочном народном университете искусств им. Крупской (Москва).

В 1973 г. окончил Республиканском художественном училище им. П.П. Бенькова, живописно-педагогическое отделение, Ташкент.

Член Союза художников СССР с 1990 г. Член творческого

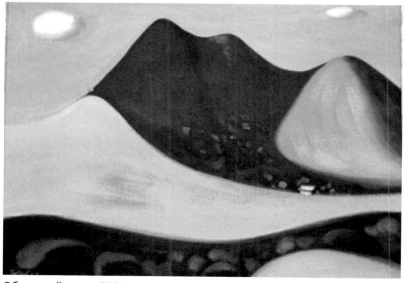

Облачный день. 2004 г.

11) https://koryo-saram.ru/hudozhnik-hegaj-mir/

объединения при Академии художеств Узбекистана с 1991 г.

С 1973 г. участник республиканских и международных выставок.

◎ ШИН ИСКРА ИЛЬИНИЧНА[12)]

Художник. Родилась в 1951 г. в г. Хорезм. Окончила живописно-педагогическое отделение училища им. П. Б. Бенькова (1974 г.) и отделение монументальной живописи Театрально-художественного института им. Островского (1979 г.).

Участник многочисленных выставок.

2005 г. – персональная выставка в Берлине, 2007 г. – персональная выставка в Сеульском центре искусств

1988 г. – член Союза художников СССР.

1997 г. – Член творческого союза Академии художеств Узбекистана.

Награды: Серебряная медаль Академии художеств Узбекистана (2001), лауреат Государственной премии Узбекистана (2002), «Заслуженный работник культуры» (2002), звание Почетного гражданина г. Сеула (1995).

---

12) Мечта на ладони // Краткие очерки о выдающихся корейцах Узбекистана. Книга третья. – Т.: Чинор ЭНК, 2012. – С. 152-155.

Цветы на ветру (2007)

Работы художницы находятся в Государственном музее истории культуры и искусства им. А. Икрамова, в Ургенческой художественной галерее, в Дирекции выставок Министерства по делам культуры Узбекистана, в галереях Америки, Израиля, Арабских Эмиратов, Германии, Кореи.

Главное, что отличает ее живопись, это позитивный заряд энергии. Чувствуется, что художница действительно монументалист – так откровенно и празднично она пользуется цветом, ритмом, умело соединяя плоскости художественных объектов и оперируя пространством.

Глава 6

Корейцы на подмостках сцены

1. Историческая справка

В культуре и искусстве корейцы также известны в различных областях. В Узбекистане они представлены: в балете (В. Егай, К. Н. Ким), поп-музыке (Г. Шин, О. Н. Когай), классической музыке (А. Б. Ким, Н. Х. Ли, С. Тен), народном танце (Е. Н. Ким, Хван Ден Ук), классическом танце (Р. Кан); композиторском искусстве (Д. Н. Ли, Пак Ен Дин, Е. Пак, Тен Ин Мук), и т.д. Ряд корейских деятелей культуры удостоены звания «Заслуженный артист Узбекистана», «Заслуженный деятель культуры Узбекистана», «Заслуженный деятель искусств Узбекистана».

2. Персоналии

◎ ЕГАЙ ВЛАДИСЛАВ[1]

Артист балета.

Родился в 1948 г. в Ташкенте. Окончил Ташкентское хореографическое и Московское академическое хореографическое училища. С 1970 г. работает в Государственном академическом Большом театре оперы и балета им. А. Навои.

В его творчестве более 30 партий.

---

1) Ким Б. Корейцы Узбекистана. Кто есть кто. – Т., 1995. – С. 26.

Лауреат Московского (1974) и Алма-Атинского (1982) фестивалей, участник международного фестиваля в Берлине.

Награды: Заслуженный артист Узбекистана (1986 г.), медаль «За трудовую доблесть».

◎ КВАРТЕТ «РЕТРО»[2]

Олег Когай

Борис Нам

Владимир Кан

Вячеслав Ким

---

2) «Ретро» – сердца четырех // Краткие очерки об известных корейцах Узбекистана. Книга пятая. Ташкент: Тасвир, 2017. – С. 166-171; https://koryo-saram.ru/kvartet-retro-eto-moshh-krasota-elegantnost/

Квартет создан в 2004 г.

Основатель и художественный руководитель – Олег Иннокентьевич Когай. Родился в 1944 г. в колхозе «Правда». Окончил духовое отделение Ташкентского музыкального училища им. Хамзы, а затем – отделение хорового дирижирования Ташкентского института культуры. Четыре года работал в ансамбле «Каягым». Занимался предпринимательской деятельностью.

Борис Нам работал в органах внутренних дел.

Владимир Кан – популярный исполнитель корейских песен, был солистом ансамбля «Чен-Чун», лауреат Всесоюзного конкурса «Молодые голоса».

Вячеслав Ким – окончил институт физкультуры, чемпион Узбекистана по тройному прыжку, тренер женской команды колхоза «Политотдел» по хоккею на траве. Руководитель хора «Ноиндан».

Награды: Гран-при конкурса южнокорейского радио KBS.

◎ КИМ МАГДАЛИНА[3]

Родилась 22 января 1965 г. в Ташкентской области. Окончила музыкальную школу имени Глинки по классу фортепиано и музыкально-педагогическое училище имени Раджаби. Певица, педагог, хормейстер.

---

3) Королева корейской эстрады // Краткие очерки о выдающихся корейцах Узбекистана. Книга пятая. – Т.: Тасвир, 2017. – С. 119-122.

Работала солисткой в театре «Син-Сен», детском творческом объединении «Кванбок», вокально-инструментальном ансамбле «Весенний ветер», театре «Ариран»..

Трижды лауреат Фестиваля «Апрельская весна». Победитель VI Республиканского фестиваля дружбы и культуры «Узбекистан – наш общий дом» в номинации «Яркое исполнение узбекской национальной песни» (2017).

◎ НАМ ИРИНА ВЛАДИМИРОВНА[4]

Родилась в поселке Солдатское Ташкентской области.

С 1998 по 2003 гг. обучалась в Пхеньяне: 1 год – в педагогическом институте корейского языка и 4 года – в консерватории на факультете корейского национального вокала.

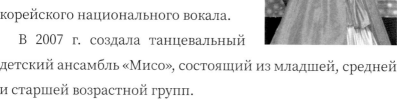

В 2007 г. создала танцевальный детский ансамбль «Мисо», состоящий из младшей, средней и старшей возрастной групп.

---

4) http://koredo.ru/irina-nam

Известная певица. Многократный лауреат международного фестиваля «Апрельская весна».

Ансамбль «Мисо»

◎ ТЕН СОФЬЯ (1946-2020)[5]

Родилась 2 января 1946 года в колхозе Курган-Тепа Андижанской области. Окончила Наманганское музыкальное училище. В 1966 году поступила в консерваторию г. Ташкента. На третьем курсе Софья Тен была зачислена композитором Пак Ен Дином солисткой Узбекской государственной филармонии, при которой был создан

_____

[5] Песня всегда со мной // Краткие очерки о выдающихся корейцах Узбекистана. Книга третья. – Т.: Чинор ЭНК, 2012. – С. 115-118.

корейский ансамбль «Каягым» (1969-1974). Через четыре года, после рождения сына перешла в музыкальный отдел, работала с симфоническим оркестром, объездила Советский Союз, побывала в Германии, Корее, США. Тесно сотрудничала с оркестром народных инструментов при филармонии.

Лирико-колоратурное сопрано.

Тесно сотрудничала с Ассоциацией корейских культурных центров Узбекистана, являлась председателем Гильдии артистов. С Ташкентским городским культурным центром ездила с концертами по Узбекистану, много выступала в Ташкенте. Работала в качестве конферансье.

Работала в музыкальной школе, преподавала мастер-класс вокала.

◎ ХАН ВАЛЕНТИН СЕРГЕЕВИЧ[6)]

Родился в 1942 г. Окончил Наманганское музыкальное училище (1966), Алма-Атинскую консерваторию.

Работал в Самаркандском оперном театре, Кзыл-Ординском корейском театре, вокально-инструментальном ансамбле «Каягым».

Активист корейского движения Узбекистана.

---

6) Талант дарить радость // Краткие очерки о выдающихся корейцах Узбекистана. Книга третья. – Т.: Чинор ЭНК, 2012. – С. 119-124.

◎ ЦОЙ ЗОЯ НИКОЛАЕВНА[7]

Известная профессиональная певица. Заслуженная артистка Узбекистана (2009). Преподавала на кафедре эстрадного пения Ташкентской государственной консерватории.

Популярна среди узбекской аудитории. Защитила кандидатскую диссертацию на тему "Корейская песня в Узбекистане" (2009).

◎ ШИН ГАЛИНА АНАТОЛЬЕВНА[8]

Родилась в 1956 г. в Аккурганском районе Ташкентской области. Окончила Омское культурно-просветительское училище (1975 г.). Работала солисткой ансамбля «Чен-Чун».

Лауреат премии Ленинского

---

7) Хозяйка своей судьбы // Краткие очерки о выдающихся корейцах Узбекистана. Книга третья. – Т.: Чинор ЭНК, 2012. – С. 140-145.

8) Ким А. И. Галина Анатольевна Шин. Заслуженная артистка Республики Узбекистан // Краткие очерки о выдающихся корейцах Узбекистана. Книга вторая. – Т.: Истиклол, 2009. – С. 195-200; Ким Б. Корейцы Узбекистана. Кто есть кто. - Т., 1995. - С. 128.

комсомола (1977), Лауреат международного фестиваля «Апрельская весна» (1989, 1991, 1992). Заслуженная артистка Узбекистана (1984). Меццо-сопрано.

◎ ХАН МАРГАРИТА ЛЮРЬЕВНА[9)]

Руководитель ансамбля «Корё».

Родилась на острове Сахалин 31 октября 1960 г. Окончила Узбекское хореографическое училище, по классу народно-сценического танца (1978). После училища работала в Государственном Академическом Большом театре оперы и балета им. А. Навои в качестве артистки народно-характерного танца, в балетных группах ансамблей «Каягым» и «Чен-Чун». Закончила театрально-художественный институт в Ташкенте (1989).

Лауреат международных фестивалей в Пхеньяне и Сеуле.

Обучалась традиционному корейскому танцу в Сеульском центре искусства, стажировалась в Государственном театре Республики Корея.

Создатель ансамбля «Корё» и детской танцевальной студии «Тиндалле».

---

9) http://koredo.ru/margarita-khan

Глава 7

Корейцы в спорте

1. Историческая справка

В последней четверти XX века мощно раскрылся потенциал советских корейцев спортсменов. Тех спортивных достижений, которые сумели достичь советские корейцы, нет ни у одной корейской диаспоры мира. В Узбекистане корейские спортсмены завоевывали следующие титулы:

в тяжелой атлетике – чемпиона Узбекистана (В. А. Лигай); призеров чемпионата СССР (В. И. Ан и В. А. Лигай); призера чемпионата Узбекистана (Д. Ф. Ким);

в дзюдо – чемпионов Узбекистана и чемпионов СССР (Н. Р. Ан);

в борьбе самбо – чемпионов Узбекистана (Г. Г. Ким, В. А.

Ким, Р. М. Ким, Ю. С. Ким, М. Д. Ли), чемпиона Казахстана (В. А. Ким), чемпионов молодежного чемпионата СССР (Г. Г. Ким, Р. М. Ким), призера чемпионатов СССР (М. Ф. Ан), чемпиона Европы (М. Ф. Ан), чемпиона малого чемпионата мира (М. Ф. Ан), призера молодежного чемпионата мира (Р. М. Ким), призера чемпионата мира (Р. М. Ким);

в борьбе кураш – чемпиона Узбекистана (И. О. Нигай);

в боксе – чемпиона Узбекистана (А. Д. Цой), призеров чемпионата Узбекистана (А. Д. Дин, А. П. Ян), чемпиона СССР (Ф. Ф. Пак), обладателя Кубка СССР (Ф. Ф. Пак), призеров чемпионата СССР (Ф. Ф. Пак, В. Н. Шин), чемпионов Вооруженных Сил СССР (Г. Б. Тен, В. Н. Шин), призеров чемпионата Вооруженных Сил СССР (Лем Р. А.), чемпиона молодежного чемпионата Европы (Ф. Ф. Пак), призера чемпионата мира (В. Н. Шин), обладателя Кубка мира (В. Н. Шин);

в греко-римской борьбе – чемпионов Узбекистана (М. Н. Ли, О. Л. Пяк), призера чемпионата СССР (М. Н. Ли);

в каратэ – чемпионов Узбекистана (А. Ф. Ли, А. В. Ли, М. Н. Ли, В. В. Лигай, О. Л. Пяк), чемпионов СССР (М. Н. Ли, Э. Н. Ли, Н. А. Югай); призеров чемпионата СССР (А. В. Ли, О. Л. Пяк); чемпиона молодежного чемпионата СССР (А. В. Ли);

в таэквондо – чемпионов Узбекистана (А. Э. Ким, А. В. Ли, А. А. Ни, А. Тен); чемпиона Европы (Э. Н. Ли), призеров чемпионата Европы (А. Э. Ким, О. В. Ким), призеров чемпионата мира (О. В. Ким., Л. Ю. Ли), чемпионов молодежного чемпионата мира (Л. Ю. Ли);

в футболе – чемпиона Узбекистана (С. В. Ни), чемпиона молодежного чемпионата Европы (М. И. Ан);

в гандболе – призера чемпионата Узбекистана (А. Е. Хам);

в баскетболе – призера молодежного чемпионата Узбекистана (А. Р. Ким);

в хоккее на траве – чемпионов Узбекистана, призеров чемпионата СССР, призеров Кубка чемпионов Азии (А. А. Ким, И. Эм), чемпионов СССР (А. Е. Хам), призера чемпионата мира (Л. Ли), призера Олимпийских Игр (А. Е. Хам);

в фехтовании – призера чемпионата Казахстана (М. Н. Ким);

в стрельбе из лука – чемпиона Узбекистана (Л. П. Хон);

в настольном теннисе – чемпиона Узбекистана (В. А. Шин);

в шахматах – чемпионов Узбекистана (О. С. Ким, А. Ч. Хегай).

Наряду с личными достижениями в спорте, корейцы сыграли огромную роль в подготовке спортсменов. Достаточно сказать, что главными тренерами национальных команд в Узбекистане были: в дзюдо – М. Ф.

Ан, в таеквондо – Э. Н. Ли, О. Л. Пяк, в боксе – В. Н. Шин, в тяжелой атлетике – Д. Ф. Ким, в фигурном катании – И. А. Хван, в хоккее на траве (женская команда) – И. А. Хван; главным тренером национальной команды Каракалпакстана в тяжелой атлетике – В. А. Пак; главным тренером национальной команды СССР в таеквондо – узбекистанец О. Л. Пяк.

Кроме того, в Узбекистане корейцы занимали такие высокие административные спортивные посты как генеральный секретарь Национального Олимпийского Комитета Узбекистана (В. В. Лигай), вице-президент Государственного комитета по спорту Узбекистана (В. В. Фен), генеральный секретарь Азиатского Союза борьбы кураш (В. В. Лигай), генеральный секретарь Федерации дзюдо Узбекистана (Ю. С. Ким), генеральный секретарь и исполнительный директор Федерации шахмат Узбекистана (Р. Б. Ким), президент Азиатской Федерации таеквондо (ITF) (В. В. Лигай); президент Ассоциации Таеквондо (WTF) Узбекистана (О. Л. Пяк, А. В. Ли); вице-президент Азиатской Федерации бокса (В. Н. Шин); вице-президент Федерации дзюдо Узбекистана (М. Ф. Ан); президент Федерации сирым Узбекистана (Л. Югай).

2. Персоналии

◎ ЛИГАЙ ВОЛЬМИР ВАСИЛЬЕВИЧ[1]

Родился в 1955 г. Ташкенте, в 1978 г. окончил МГУ имени М.И. Ломоносова, экономический факультет, в 1990 г. – ТашГУ имени В.И. Ленина, юридический факультет, кандидат экономических наук (1992), заслуженный тренер Узбекистана (1991), обладатель 9 дана по таэквондо (2014).

Является одним из организаторов развития каратэ и таэквондо в СССР и в Узбекистане. Чемпион Узбекистана по каратэ 1979-1981 гг.

Воспитал ряд чемпионов мира, Европы и Азии по таэквондо, создал Федерацию таэквондо Узбекистана, Международный центр развития таэквондо, работал в Национальном Олимпийском Комитете Республики Узбекистан в качестве генерального секретаря, являлся президентом Азиатской федерации таэквондо. Первый вице-президент Международной федерации таэквондо.

В настоящее время проживает в России.

---

1) http://www.koob.ru/ligay/

◎ ПАК ФЕЛИКС ФЕДОРОВИЧ[2]

Родился в 1954 г. Окончил факультет физического воспитания Андижанского государственного педагогического института. Обладатель Кубка СССР по боксу (1973), серебряный призер чемпионата СССР по боксу (1984), член сборной СССР по боксу (1973-1984), серебряный призер молодежного чемпионата Европы по боксу, мастер спорта международного класса.

Почетный гражданин г. Милуоки, США (1977).

Работал тренером, затем ушел в предпринимательство.

◎ ФЕН ВИТАЛИЙ ВАСИЛЬЕВИЧ[3]

Родился в 1947 году в г. Маргилане. Окончил Ташкентский институт физкультуры и спорта.

Работал председателем комитета по физической культуре и спорту Ферганской области, заместителем председателя Ферганской облисполкома, заместителем председателя

---

2) Вся жизнь – поединок // Краткие очерки о выдающихся корейцах Узбекистана. Книга третья. – Т.: Чинор ЭНК, 2012. – С. 102-107.

3) https://ru.wikipedia.org/ Ким А. И. Виталий Васильевич Фен – Чрезвычайный и Полномочный Посол Республики Узбекистан в Республике Корея // Краткие очерки о выдающихся корейцах Узбекистана. Книга вторая. – Т.: Истиклол, 2009. – С. 12-26.

Комитета по физической культуре и спорту Узбекистана.

С 1995 г. по 1999 г. руководитель дипломатического представительства Узбекистана в Южной Корее. С 12 ноября 1999 г. по 2013 г. Чрезвычайный и полномочный посол Узбекистана в Южной Корее. В 2013 году после более 17 летней службы завершил свою дипломатическую миссию и вернулся в Узбекистан. С 27 мая 2017 г. – снова утвержден Чрезвычайным и полномочным послом Узбекистана в Южной Корее.

Награды:

Орден «Мехнат шухрати», нагрудной знак Узбекистон белгиси», нагрудной знак «Узбекистон мустакиллигига 20 йил».

Орден «Гвангхва» Южной Кореи.

В 2005 г. было присвоено звание "Почетный гражданин Сеула".

◎ ШИН ВЛАДИМИР НИКОЛАЕВИЧ[4]

Родился 19 августа 1954 г. в Чечне. Боксом начал заниматься в г. Алмалык Ташкентской области, будучи

---

[4] Ли Н. Владимир Николаевич Шин: судьба, уготованная небом: // Краткие очерки о выдающихся корейцах Узбекистана. Книга вторая. – Т.: Истиклол, 2009. – С. 17-23.

студентом Алмалыкского горно-металлургического техникума. Владимир Шин сумел за короткий срок стать одним из лидеров узбекского, а затем и всего советского бокса.

Чемпион Вооруженных Сил (1975, 1976-1979 гг.), 2-х кратный чемпион СССР, бронзовый призер чемпионата СССР (1977) и чемпионата мира (Мюнхен, 1982), победитель и призер крупных международных и всесоюзных турниров. Обладатель Кубка мира (Нью-Йорк, 1979). Всего на ринге Владимир Шин провел 298 боев, в 273 из них он выходил победителем.

Заслуженный мастер спорта (1990). Кандидат педагогических наук (2001).

Окончив спортивную карьеру, Владимир Шин переходит на тренерскую работу. Скоро он становится одним из ведущих тренеров республики, возглавляет сборную страны. Под его руководством боксерская дружина Узбекистана врывается в число одной из лучших в мировом боксе. Многие из его воспитанников побеждают на самых престижных турнирах. Возглавлял сборную Беларуси по боксу (2013). С 2018 г. – главный тренер Японии по боксу.

Вице-президент Азиатской Федерации бокса (1995-2001)

Председатель Ассоциации корейских культурных центров Узбекистана (2000-2012 гг.).

Награды: Орден «Дустлик», три Почетные грамоты Президента Республики Узбекистан, орден «Гранатовый цветок» Республики Корея, Почетный знак Президента Республики Корея, Почетный орден Российской Федерации.

◎ ЮГАЙ ЛЕВ ПАВЛОВИЧ [5]

Родился в 1947 г. в Ташкентской области. Окончил Ташкентский государственный университет и аспирантуру Московского государственного университета.

Мастер спорта СССР по самбо и дзюдо, обладатель 7 дана по дзюдо, судья международной категории, 12 лет являлся Генеральным секретарем Федерации дзюдо Республики Узбекистан. Член спортивной комиссии Союза дзюдо Азии.

Рефери-директор Азиатской федерации борьбы на поясах.

Президент Федерации сирым Узбекистана.

---

5) Ли Н. Лев Павлович Югай – в гармонии тела и ума // Краткие очерки о выдающихся корейцах Узбекистана. Книга вторая. – Т.: Истиклол, 2009. – С.. 214-223.

Начальник Управления Олимпийского и спортивного резерва Министерства по делам культуры и спорта Узбекистана.

Доктор физико-математических наук (1997), профессор, зав. кафедрой, зам. декана ТашГУ (1976-1991), профессор Сычуаньского университета (Китай, 1991-1992), зав. кафедрой Ташкентского государственного института востоковедения (1992-1995).

Автор более 100 научных публикаций. Читал лекции и выступал с докладами в Китае, Корее, Германии, Австрии, Японии, Индии, Чехии, России, Украине.

Глава 8

Корейцы - лидеры и активисты корейского движения

1. Историческая справка[1]

Корейские общественные организации в Узбекистане начинают возникать с 1988 г.

12 декабря 1988 г. в Ташкенте под председательством

---

1) Хан В. С., Ким Г. Н. Корейское движение в 1990-х годах // Коре сарам. К 150-летию переселения корейцев в Россию. – М.: АйванЛайн, 2014. – С. 301-307; Хан В. С. Коре сарам: кто мы? Очерки истории корейцев. – Бишкек, 2009. – С. 149-192; Хан С. М. Корейские культурные центры – как они зарождались? // Десять лет спустя (К 10-й годовщине Ассоциации корейских культурных центров Узбекистана). – Ташкент-Сеул, 2001. – С. 5-12; Ким П. Г., Ким В. Д. Ассоциации корейских культурных центров Узбекистана - 10 лет // Десять лет спустя (К 10-й годовщине Ассоциации корейских культурных центров Узбекистана). – Ташкент-Сеул, 2001. – С. 16-25; Ким В. Ушедшие вдаль. – СПб, 1998. – 224 с.; Ким Б. Корейцы Узбекистана. Кто есть кто. – Т., 1995. – С. 6, 13, 16-21, 23, 32, 36, 64, 66, 80, 93, 95-97, 103, 117, 125, 134; Газета «Корё синмун» различных годов.

профессора С. М. Хана состоялось учредительное собрание «Республиканского оргкомитета по созданию корейских культурных центров». С этого дня и начинается отсчёт массового корейского движения в СССР. Несколькими днями позже было проведено учредительное собрание «Культурно-просветительского центра советских корейцев», возглавляемого поэтом Б. Паком, позднее переименованного в так называемое «Интернациональное культурно-просветительское общество корейцев Узбекистана». На протяжении 1989 г. Республиканский оргкомитет по созданию корейских культурных центров создал 14 таких центров в городах и районных центрах Узбекистана. «Несомненной заслугой оргкомитета, – отмечает журналист Б. Ким, – является создание им культурных центров на местах. Они вскоре возникли в Джизаке, Фергане, Самарканде, Нукусе, Чирчике, Аккургане, Бухаре, то есть практически в большинстве городов и районов, где имеются более или менее значительные корейские общины. Более того, именно местные культурные центры раньше ташкентских получили официальный статус и первым среди них стал корейский культурный центр Ферганской области, возглавляемый зампредом областного комитета народного контроля Р. П. Ляном».[2]

---

2) Ким Б. Ветры наших судеб. – Т., 1991. – С. 140.

Некоторые из корейских организаций возникли как самостоятельные организации, а некоторые – как филиалы международных организаций. Некоторые из них обрели статус юридического лица и были зарегистрированы, некоторые – нет. Некоторые организации продолжают существовать, некоторые прекратили свое существование.

С момента создания первых инициативных групп по созданию корейских культурных центров в Узбекистане существовали следующие корейские организации:

Республиканский организационный комитет по созданию корейских культурных центров (руководитель – С. М. Хан, прекратил существование);

Интернациональное культурно-просветительское общество корейцев Узбекистана (руководитель – Б. С. Пак, прекратило существование);

Ташкентское корейское городское культурное общество (руководители – С. А. Хан, В. П. Цой, А. В. Ли, В. И. Ким, Л. Н. Хан; переименован);[3] Ташкентский городской корейский культурный центр (руководитель – Н. С. Пак, Л. П. Ни);

Ташкентское городское корейское общество «Возрождение» (руководители – Цой А. Н., Шегай В. Н., Те А. В., Ли Г. А., Т. Д. Ан);[4]

Ташкентское городское общество милосердия

---

[3] См. соответствующую статью.
[4] См. соответствующую статью.

(руководитель – Пак Сан Хак, прекратило существование);[5]

Ташкентский областной корейский культурный центр (руководитель – К. Тю, В. Г. Ким, Д. Пягай, А. С. Ким, В. Ким);

Ассоциация корейских культурных центров Узбекистана (руководители – С. А. Хан, П. Г. Ким, В. Н. Шин, В. Н. Пак);

Аккурганский корейский культурный центр (руководитель – В. Д. Ким);

Алмалыкский городской корейский культурный центр (руководитель – М. Д. Ли, А. Ким);

Ангренский городской корейский культурный центр (руководители – Р. С. Маринчук, Р. К. Ли);

Андижанский областной корейский культурный центр (руководители – А. И. Ли, А. Д. Ли, Ю. В. Ли, В. В. Ким);

Ассоциация корейцев Сырдарьинской области (руководители – А. Е. Тен, А. С. Ли; переименован); Сырдарьинский областной корейский культурный центр (руководитель – Р. Л. Нам);

Ассоциация милосердия ветеранов Кореи (штаб-квартира в г. Алма-Ата, Казахстан; преобразована);

Ассоциация преподавателей корейского языка Республики Узбекистан (руководители – В. Н. Ким, В. Н. Ким; прекратила существование);

Ассоциация корейцев Республики Каракалпакстан

---

5) См. соответствующую статью.

(руководители – А. С. Тюгай, И. Хан, М. А. Когай);

Ассоциация содействия объединения Кореи (руководители – Н. С. Ким, П. Х. Кан; переименована); Бомминрён (филиал международной организации «Единство»);

Бекабадский корейский культурный центр (руководитель – В. Х. Пан);

Бухарский областной корейский культурный центр (руководители – В. К. Чжен, Р. Ч. Ли);

Гулистанский городской корейский культурный центр (руководитель – А. С. Ли);

Джизакский областной корейский культурный центр (руководитель – О. Ким);

Кашкадарьинский областной корейский культурный центр (руководители – Ким Ман Гир, А. Ф. Ким, П. Б. Пак; прекратил существование);

Корейский культурный центр «Кванбок» (руководитель – А. А. Хан; прекратил существование);

Корейская секция Уртачирчикского районного межнационального культурного центра (переименована); Уртачирчикский корейский культурный центр (руководитель – О. Цой);

Наманганский областной корейский культурный центр (руководители – А. В. Цай, Л. П. Ни);

Научно-техническое общество «Тинбо» (руководители – В. Т. Эм, Л. М. Юн, В. Пак);

Национально-культурное общество г. Навои «Чосон» (руководители – А. С. Ким; переименовано); Навоийский областной корейский культурный центр (руководитель – А. А. Ким);

Организация корейской молодежи «Кочёнрён» (руководитель – Р. Гугай; прекратила существование);

Организация корейцев Куйичирчикского района «Тонгди» (руководитель – Ли Чер Су; преобразован); Куйичирчикский районный корейский культурный центр (руководитель – С. Л. Югай).

Самаркандский областной корейский культурный центр (руководители – В. А. Ан, Н. А. Мин, А. Н. Ли, Н. П. Ким);

Сурхандарьинский областной корейский культурный центр (руководители – Пан Хо Нам, А. С. Кан; прекратил существование);

Ферганский областной корейский культурный центр (руководитель – Р. П. Лян, В. Р. Лян);

Ферганское корейское общество «Долголетие» (руководитель – Р. Ким);

Хорезмский областной корейский культурный центр (руководители – Э. В. Пак, А. Е. Ким);

Чирчикский корейский культурный центр (руководители – И. С. Цой, С. А. Цай);

Янгиерская межрайонная культурная ассоциация корейцев Узбекистан (руководители – В. Т. Тюгай; прекратила существование).

Сегодня все областные и городские корейские культурные центры превратили в территориальные отделения Ассоциации корейских культурных центров Узбекистана.

Кроме того, в Узбекистане существуют многочисленные корейские профессиональные и художественные коллективы танцевальные и вокальные коллективы, научно-техническое общество, бизнес-клуб, гильдия корейских художников, литературный клуб.

В борьбе за лидерство в корейских культурных центрах и ассоциациях первоначально верх одержали представители научно-номенклатурной интеллигенции, и прежде всего ученые-обществоведы:[6]

Хан С. М.	Доктор философских наук	Председатель Республиканского оргкомитета по созданию корейских культурных центров
Хан С. А.	Кандидат исторических наук	Председатель Ташкентского корейского культурного общества
Ким П. Г.	Доктор исторических наук	Председатель Ассоциации корейских культурных центров Узбекистана
Шегай М.Ю.	Кандидат философских наук	Зам. председателя Ташкентского корейского культурного общества
Тен К. П.	Кандидат педагогических наук	Зам. председателя Ташкентского корейского культурного общества

---

[6] Аналогичная ситуация сложилась и в других республиках бывшего СССР.

Особенность этой прослойки заключалась в том, что ее составляли представители идеологических дисциплин (философия, научный коммунизм, история КПСС и т.д.), тесно связанные с партийной номенклатурой. Причина того, почему профессора-обществоведы почти повсеместно возглавили корейские организации, видится в следующем.

Во-первых, связи с партийными и государственными органами давали возможность быстрейшего решения организационных вопросов по созданию корейских центров. Во-вторых, эти же связи давали возможность лоббировать те или интересы корейских центров. В-третьих, в силу профессиональный специализации и опыта работы в партийных органах эта прослойка была более основательной в создании уставных документов, концепции культурных центров, налаживании организационной работы. В-четвертых, будучи органичными элементами партийно-государственной системы, профессора-обществоведы в качестве руководителей таких деликатных образований как национальные центры как нельзя лучше устраивали органы власти.

Особенности деятельности корейских организаций на первых этапах своего развития выразились в следующем.

Во-первых, в копировании, причем не в лучшем варианте, принципов и стиля работы партийных и советских органов. Это выражалось в недемократическом стиле работы, а также в ориентации на количественные и промежуточные результаты, в формализме и показухе.

Во-вторых, в ветеранской направленности, т. е. основная деятельность корейских организаций была основана на взглядах старшего поколения диаспоры, ибо у истоков ее стояли люди зрелого возраста. Активистами корейских организаций являлись в основной своей массе представители старшего поколения, а молодые люди являли редкое исключение.

В-третьих, в этнографической направленности мероприятий (празднование Нового Года по лунному календарю, Оволь тано и т.д.), в оторванности от насущных проблем корейской диаспоры.

В-четвертых, в слабой материально-технической базе, которая не позволяла осуществлять крупномасштабные проекты.

И, конечно, же главной проблемой было противостояние корейских организаций. Оно привело к ряду негативных последствий.

Движение, имеющее, в конечном счете, одни и те же цели раскололось на враждующие лагеря. Диаспора потеряла целостность своего существования и развития. Раздробленность корейского движения стала вести к его малоэффективности.

Постоянные склоки привели к падению имиджа корейцев в глазах властных структур. Раздробленность движения, отсутствие единой сильной позиции позволяла органам власти вмешиваться в дела корейцев, что стало вести к потере самоуправленческих начал в корейских организациях.

На определенном этапе основная масса людей стала уставать от внутренних склок. Это привело к тому, что люди, и зачастую, лучшие, стали отходить от корейского движения, перестали участвовать в делах корейских организаций. Возникла угроза девальвации ценности корейского движения.

Противостояние корейских организаций и характер их деятельности рано или поздно должны были привести к их кризису и осознанию необходимость перемен. Б. Ким так оценивает деятельность первого «кулуарно» избранного председателя Ассоциации корейских культурных центров Узбекистана: «В низовых звеньях зрело недовольство деятельности С. А. Хана, которая сводилась лишь к приему и проводам зарубежных гостей, проведению праздничных мероприятий, а основная задача – возрождение языка, культуры, реальная помощь местным центрам – была отодвинута на второй план».[7] Под давлением общественности С. А. Хан вынужден был уйти. «Уже в июне 1991 года на расширенном заседании совета ассоциации председателем был избран профессор Ким Петр Геронович. – описывает Б.

---

7) Ким Брутт. Ветры наших судеб. – Т., 1991. – С. 141.

Ким положение в Республиканской ассоциации в другой книге. – С приходом нового главы в ассоциации не прекратились распри и междуусобица, что отрицательно сказывалось на организации её работы. В течение всего 1992 года, например, не удалось провести ни одного заседания совета ассоциации. Лишь в январе 1993 года, когда над ассоциацией нависла реальная угроза развала, заседание совета все же состоялось, а руководство ассоциации наконец стало налаживать связи с местными центрами. Согласно уставу, высшим органом ассоциации является конференция, которая созывается раз в пять лет. Однако за 8 лет отчетно-выборные конференции не проводились».[8]

От корейских культурных центров стали отходить, а кое-где и полностью отошли, научно-техническая и творческая интеллигенция, представители бизнеса, молодежь. Деятельность культурных центров была сведена к набору дежурных мероприятий. Энтузиазм и активность, свойственные первым годам стали спадать, сказывалась усталость масс и лидеров, многие из которых возглавляли корейские организации по второму сроку.

Таким образом, понимание необходимости перемен зрело уже исподволь и дело оставалось за их исполнением.

Перемены начались с обновления руководства корейских

---

8) Ким Брутт. Корейцы Узбекистана: кто есть кто. – Т., 1995. – С. 17-18.

ассоциаций. К руководству пришли представители иного поколения и иной сферы деятельности, а именно – бизнеса. В декабре 1995 г. президентом Ассоциации корейцев Казахстана становится Ю. А. Цхай, заслуженный тренер СССР по боксу, бизнесмен; в январе 1998 г. президентом Общественного объединения корейцев Кыргызской Республики становится Р. А. Шин, президент бизнес-центра «Эльдорадо». В России президентом Общероссийского объединения корейцев также стал бизнесмен – Цо В. И. В Узбекистане в 2000 г. председателем Ассоциации корейских культурных центров Узбекистана стал В. Н. Шин – спортсмен и бизнесмен; позже его сменил В. Н. Пак – также бизнесмен.

2. Персоналии

◎ КАН МАРИНА МИХАЙЛОВНА[9]

Родилась в 1965 г. в г. Ташкенте. Окончила Ташкентский государственный юридический институт (1995).

Работала в прокуратуре Ташкентской области от секретаря до старшего прокурора (1988-2004), судьей

9) На весах жизни // Краткие очерки о выдающихся корейцах Узбекистана. Книга пятая. – Т.: Тасвир, 2017. – С.83-89.

Чиланзарского районного суда г. Ташкента по уголовным делам (2004-2013).

Заместитель председателя АККЦ РУз (с 2013 г.).

◎ КИМ НИКОЛАЙ СЕРГЕЕВИЧ[10]

Председатель Ассоциации корейских культурных центров Узбекистана (2011-2012 гг.)

Родился 29 декабря 1933 года в Приморском крае. В 1956 г. окончил сельскохозяйственный институт (г. Барнаул). В 1956-1974 гг. - главный зоотехник, заместитель председателя колхоза, заместитель начальника Бостандыкского райсельхозуправления (Ташкентская область). В 1974-1993 гг. – начальник отдела Министерства сельского хозяйства Узбекистана, директор «Уззооветснаба», подсобного хозяйства «Узгидромаш».

В 2000-2003 гг. – зампредседателя, председатель старейшин АККЦУ, в 2003-2008 гг. – заместитель председателя Ташкентского городского корейского

---

10) Ким А. Председателем Ассоциации корейских культурных центров Узбекистана избран Николай Ким // Корё ильбо. 9 сентября 2011 г; Ни Л. П. Николай Сергеевич Ким. Председатель Ташкентского корейского городского культурного центра // Краткие очерки о выдающихся корейцах Узбекистана. Книга вторая. – Т.: Истиклол, 2009. – С. 99-108.

культурного центра (ТГККЦ), в 2008-2011 гг. – председатель ТГККЦ. В 2011-2012 гг. – председатель Ассоциация корейских культурных центров Узбекистана.

◎ КОГАЙ СЕРГЕЙ СТЕПАНОВИЧ[11)]

Председатель Совета старейшин Ассоциации корейских культурных центров Узбекистана.

Родился 25.10.1934 г. в Приморском крае, Ольгинский район, село Льдовка, в семье крестьянина. В 1962 г. окончил Ташкентский сельскохозяйственный институт.

Работал агрономом в колхозе им. Димитрова, главным агрономом колхоза. Аспирантом Всесоюзного НИИ лубяных культур в г. Глухово на Украине. В последствии перевелся в аспирантуру Ташсельхозинститута, где и защитился через три года.

В 1977 году Сергея Степановича назначают директором учебного хозяйства ТИИМСХ Среднечирчикского района, где он проработал три года. В 1982 году Сергея Степановича назначили начальником сельхозуправления района и

---

11) Последний смотритель «Северного маяка» // Краткие очерки о выдающихся корейцах Узбекистана. Книга четвертая. – Т.: Чинор ЭНК, 2015. – С. 72-80.

одновременно избрали первым заместителем председателя райисполкома. А через год во время хлопкоуборочной кампании предложили возглавить колхоз «Северный маяк».

Сергей Степанович удостоен многих наград – медалей «За трудовую доблесть» и «За доблестный труд», орденов Трудового Красного Знамени и Мустакиллик.

В 2001 году вышел на пенсию, но он еще семь лет работал советником председателя колхоза и фермерских хозяйств. В 2011 году стал членом Совета старейшин АККЦУз, а через год был избран его председателем.

◎ ПАК ВИКТОР НИКОЛАЕВИЧ [12]

Председатель Ассоциации корейских культурных центров Узбекистана (АККЦ, с 2012 г.)

Родился 26 декабря 1958 года, в селе Сретенка Бекабадского района, Ташкентской области. Окончил Джамбульский гидромелиоративно-строительный институт по специальности инженер-механик (1985). Служил в рядах вооруженных сил на Тихоокеанском флоте. После демобилизации начал свою трудовую биографию, работая слесарем-сборщиком, мастером сборочного цеха

---

12) Пак Виктор Николаевич – http://parliament.gov.uz/ru/structure/deputy/14906/
Ирина Сен. Новый лидер – новые идеи // Корё ильбо. 23 ноября 2012 г.

Наманганского машиностроительного завода. В 1988-1997 гг. – главный технолог, заместитель главного инженера Узбекского производственного объединения «Электротерм» Министерства электротехнической промышленности и приборостроения. В 1997 году организовал многоотраслевую строительную компанию ООО «KARDISE».

19 мая 2012 был избран председателем АККЦ. В 2017 г. и 2022 г. переизбран на новые сроки. В последние годы подвергается критике в СМИ и социальных сетях за авторитаризи, недемократичность выборов и изменений в Уставе АККЦ.

В декабре 2014 г. был избран депутатом Олий Мажлиса Республики Узбекистан. В 2020 г. был переизбран.

Награды: орден «Камелия» Республики Корея (2014), орден «Дустлик» (2014).

◎ ЦЗЕН РОДИОН ВЛАДИМИРОВИЧ (1951-2020) [13]

Родился в 1951 г. в пос. Бектемир Ташкентской области. Предприниматель. Один из основателей и лидер Ташкентского городского корейского общества «Возрождение» (создано в 1991 году).

Удостоен Почетного знака

---

13) Ким Б. Корейцы Узбекистана. Кто есть кто. – Т., 1995. – С. 118.

Президента Республика Корея.

◎ ШИН ВЛАДИМИР НИКОЛАЕВИЧ[14]

Председатель Ассоциации корейских
культурных центров Узбекистана
(2000-2012 гг.)

Родился 19 августа 1954 г. в Чечне.
Один из лидеров советского бокса,
победитель и призёр крупных
международных и всесоюзных
турниров, позже один из ведущих
тренеров республики, возглавлял сборную страны. Вице-
президент Азиатской Федерации бокса (1995-2001).

Кандидат педагогических наук (2001).

Председатель Ассоциации корейских культурных
центров Узбекистана (2000-2012 гг.). При В. Н. Шине
корейское движение вышло на новый уровень. АККЦ
получила свое собственное здание, мероприятия стали
носить масштабный характер, к корейскому движению
стали примыкать многие представители бизнеса,
интеллигенции и молодежи.

Награды: Орден «Дустлик», три Почётные грамоты

---

14) Ли Н. Владимир Николаевич Шин: судьба, уготованная небом: //
Краткие очерки о выдающихся корейцах Узбекистана. Книга вторая.
– Т.: Истиклол, 2009. – С. 17-23.

Президента Республики Узбекистан, орден «Гранатовый цветок» Республики Корея, Почётный знак Президента Республики Корея, Почётный орден Российской Федерации.

Заключение

Перестройка и последующие годы независимости потребовали от корейцев новых форм адаптации, что влекло за собой смену психологических установок, профессий, ценностных ориентаций, всего уклада привычного образа жизни.

Несмотря на все трудности, корейцы смогли сохранить репутацию высоко адаптивной этнической общности в условиях меняющегося политико-экономического строя и этнокультурного ландшафта. Как и многие другие этнические меньшинства, часть корейцев предпочла мигрировать за пределы Узбекистана, прежде всего в Россию.

Но в Узбекистане по-прежнему сохранилась внушительная по численности корейская диаспора. Как и в советский период, среди корейцев мы снова видим министров, членов нижней и верхней палат парламента,

Героя Узбекистана, заслуженных деятелей культуры, руководителей крупных научных центров, известных предприятий и т. д.

Корейская диаспора Узбекистана еще находится в поисках своей ниши. Но опыт существования на рубеже веков показывает, что и в новых, сложных условиях она продолжает сохранять образ model minority и демонстрирует значимые достижения.

Часть 3

Корейцы в постсоветском Узбекистане : новое поколение

Введение

Первая книга о корейцах Узбекистана «КОРЕЙЦЫ СОВЕТСКОГО УЗБЕКИСТАНА: ВРЕМЯ И ЛЮДИ» была посвящена известным корейцам, чья слава пришлась на советскую эпоху, и которые ушли из жизни к настоящему времени.

Вторая книга «КОРЕЙЦЫ УЗБЕКИСТАНА: НА РУБЕЖЕ XX-XXI ВЕКОВ» была посвящена корейцам, также родившимся в СССР (в основном в 1940-х – 1970-х годах), получивших образование и ставших на ноги в качестве профессионалов в советский период, но которые продолжают жить и работать в настоящее время, и чьи наивысшие достижения приходятся на конец советского периода и постсоветский период.

Третья (настоящая) книга «КОРЕЙЦЫ В ПОСТСОВЕТСКОМ УЗБЕКИСТАНЕ: НОВОЕ ПОКОЛЕНИЕ» посвящена новой генерации коре сарам, получивших образование в конце советской эпохи и в постсоветское время, и чьи достижения приходятся на наше время.

После распада СССР происходят изменения и в корейской диаспоре Узбекистана. Если в советский период корейцы смогли добиться впечатляющих результатов во всех областях жизни (государственном управлении, сельском хозяйстве, промышленности, науке, образовании, спорте, культуре), то в независимом Узбекистане, поставившим во главу угла *национальную* идею, пространство возможностей для не-узбеков (русскоговорящих меньшинств, куда входят и корейцы) стало ссужаться.

Что это означало для корейцев? *Во-первых*, количество корейцев, представленных на высоком уровне в новом национальном государстве стало сокращаться. *Во-вторых*, из-за политических и экономических причин (на протяжении всего постсоветского периода уровень заработной платы в Узбекистане был невысоким) значительно выросла доля корейцев, решивших мигрировать из Узбекистан. В 1990-х годах это была прежде всего Россия. Но в последние 10-15 лет резко возросло количество корейцев, трудовых мигрантов, в Южную Корею, которых здесь насчитывается уже десятки тысяч.[1] *В-третьих,* низкий экономический

---

1) По данным миграционной службы Кореи на сентябрь месяц 2018 года – 79.000 человек. – https://koryo-saram.ru/ Сегодня часто фигурирует цифрв в 100 тысяч.

уровень, падение престижа науки и культуры, привели к тотальной коммерциализации общественного сознания. Корейцы устремились в торговлю, в те области, где можно больше заработать.

Таким образом, по истечении ряда лет постсоветского развития стало видно, что количество корейцев в Узбекистане сокращается, как сокращается и их профессиональное разнообразие. В целом это можно охарактеризовать как падение потенциала корейской диаспоры.

Однако развитие Узбекистана в постсоветский период показало, что ставка только на представителей титульной нации ошибочна. В западной литературе и политике давно уже стало нормой критическое отношение к национализму. Так, немецкий ученый Г. Симон пишет: «В XXI в. для построения успешного общества одной национальной идентичности недостаточно. Современное общество будет успешным лишь тогда, когда ему удастся привлечь к своему построению всех членов или, по крайней мере, как можно больше».[2] Это стали осознавать и представители органов власти Узбекистана. Так, сенатор Узбекистана Садык Сафаев написал в своей статье следующее: «Национализм, как

---

2) Симон Г. Национальное строительство в Советском Союзе и в регионе СНГ // История и самосознание: опыт Узбекистана и Германии. – Т., 2006. – С. 305.

идеология обретения суверенитета и построения национального государства, победил. В силу этого, он уже не может представлять собой мобилизующую идею, способную консолидировать креативные силы общества».[3] Политика нового Президента Узбекистана Ш. М. Мирзиёева начинает опираться не столько на национализм, сколько на качественные характеристики людей, их креативность, профессионализм, независимо от национальности. Если эта политика закрепится, у молодых корейцев снова появятся возможности проявить себя и повысить имидж корейцев в узбекистанском обществе, как это сделали их отцы и деды.

3) Сафаев – С. Глобальные процессы и национальная идентичность // История и самосознание: опыт Узбекистана и Германии. – Т., 2005. С. 269.

Глава 1

Корейцы в органах законодательной и исполнительной власти

1. Историческая справка

Известно, что в советский период корейцы занимали высокие должности в исполнительных и выборных органах власти Узбекистана. Это министры, заместители министров, члены советского парламента (Верховных Советов СССР и Узбекской ССР), местных органов власти. Многие корейцы были обладателями государственных наград, включая высшую награду – Герой Социалистического Труда.

После распада СССР начался процесс коренизации, когда представители титульной нации – узбеки – заняли абсолютное большинство административных постов.

Однако постепенно после в 2000-х годах корейцы снова стали занимать высокие должности. Это Агриппина Васильевна Шин – министр дошкольного образования, сенатор, Вера Борисовна Пак – сенатор, Герой Узбекистана, Валерий Николаевич Тян – сенатор, Виктор Николаевич Пак – депутат Олий Мажлиса (парламента), Вячеслав Юрьевич Пак – заместитель министра финансов.

После смены руководства страны в 2017 году, в органы государственной власти (правда, еще на районном и городском уровне) стали проходить и молодые корейцы. И если раньше в представительные органы государственной власти проходили корейцы, работавшие в сельском хозяйстве, то нынешнее поколение молодых политиков это предприниматели.

Выдвижение в выборные органы власти происходит по линии политических партии. Если в советское время в СССР существовала только одна – Коммунистическая – партия, то в настоящее время политическая система Узбекистана характеризуется многопартийностью, и молодые корейцы становятся членами различных политических партий.

2. Персоналии

◎ КАН ВЯЧЕСЛАВ ЮРЬЕВИЧ[1]

Родился 2 сентября 1976 года. Окончил (с отличием) факультет русского языка и литературы Ташкентского государственного университета в 1998 году. Работал учителем английского языка в школе (1998-2005). В 2004 году Вячеслав запускает веб-сайт www.torg.uz – доску объявлений. Сейчас Torg.Uz работает под именем olx.uz под управлением международной компании Naspers – мирового лидера в сфере электронной коммерции.

В 2017 году открыл Центр развития и профессиональной ориентации «MyWay Proforientation Ltd», который является региональным представителем Центра тестирования «Гуманитарные технологии» МГУ (Россия).

В 2015 году создал Клуб корейцев предпринимателей Koryoin.

Член Либерально-демократической партии Узбекистана (УзЛиДеП). Депутат Совета народных депутатов Бектемирского района г. Ташкента (с 2018 г.).

Женат, трое детей.

---

1) Автобиография.

◎ КИМ ВИТАЛИЙ ГЕННАДЬЕВИЧ[2]

Родился 17 мая 1981 года в г. Самарканде. Окончил бакалавриат (2002) и магистратуру (2004) Ташкентского государственного технического университета по специальности «промышленный и инновационный менеджмент».

Директор «Geo Dynamical System Ltd».

Член Народно-демократической партии Узбекистана. Руководитель первичной партийной организации НДПУ Кибрайского района.

Депутат Совета народных депутатов Кибрайского района Ташкентской области РУз (с 2018 г.).

Награждён медалью «25 лет Конституции Республики Узбекистан».

Женат, 4 детей.

◎ ЛИ ВАДИМ ГЕННАДЬЕВИЧ[3]

Родился 28 ноября1969 года в г. Караганде (Казахстан). Окончил Санкт-Петербургский электротехнический

---

2) Справка с места работы.
3) Справка с места работы.

университет по специальности «инженер-системотехник».

Директор компании «QUVVAT» Ltd. Член Клуба предпринимателей корейцев Узбекистана «KOROYIN» (с 2016 г.).

Член Либерально-демократической партии Узбекистана (УзЛиДеП, с 2017 г.), Председатель Ангренского городского Совета УзЛиДеП (с 2017 г.).

Депутат Ангренского городского Совета народных депутатов.

Женат, двое детей.

◎ ЛИ ДМИТРИЙ РОМАНОВИЧ[4]

Образование высшее. Начал свою трудовую деятельность в области обеспечения системы народного образования, после этого работал в сфере машиностроения и металлургии, занимая различные руководящие позиции.

С августа 2017 года занимал

---

4) https://napm.uz/ru/

должность первого заместителя директора Национального агентства проектного управления при Президенте Республики Узбекистан.

В настоящее время Указом Президента Республики Узбекистан назначен Директором Национального агентства проектного управления при Президенте Республики Узбекистан.

◎ ПАК ВЯЧЕСЛАВ ЮРЬЕВИЧ[5]

Родился в 1980 году в Ташкентской области.

В 2005 году окончил Ташкентский финансовый институт.

Трудовая деятельность:

2003-2006 гг. – старший инспектор отдела Государственного налогового комитета Узбекистана.

2006-2017 гг. - старший инспектор, начальник отдела, заместитель начальника управления Департамента по борьбе с налоговыми, валютными преступлениями и легализацией преступных доходов при Генеральной прокуратуре Узбекистана.

5) https://www.mf.uz/component/k2/item/2399-pak-vyacheslav-yurevich-zamestitel-ministra-finansov

2017-2018 гг. – первый заместитель начальника Департамента по борьбе с налоговыми, валютными преступлениями и легализацией преступных доходов при Генеральной прокуратуре Узбекистана.

С 23 февраля 2018 г. – *заместитель министра финансов Республики Узбекистан.*

Государственные награды: медаль «Содиқ хизматлари учун» (2016).

Глава 2

Корейцы в отраслях народного хозяйства и бизнесе

1. Историческая справка

Годы независимости существенно повлияли на жизнь корейцев, формы их трудовой занятости и перспективы дальнейшего существования в новых государствах. Либерализация экономики и введение государственных языков (языков титульных наций) привели к оттоку корейцев из сферы государственной экономики в сферу частного бизнеса (торговлю, ресторанный бизнес, строительство и ремонтные работы, компьютерный бизнес, медицинские клиники, банковское дело и т.д.).

Меняется структура бизнеса, которым занимаются молодые корейцы. В 1990-х годах большая часть корейцев

Узбекистана занимались мелким бизнесом с частной лицензией предпринимателя. Это челночная торговля (покупка товара в Китае, Индии, Кореи, Турции и продажа его в Узбекистане) и небольшие кафе с корейской кухней.

Однако постепенно корейцы, имеющие хорошее образование, стали осваивать высокотехнологичные ниши, создавая специализированные компании, имеющие собственное, неповторимое лицо. Это клиники косметической хирургии и восточной медицины, IT компании по созданию компьютерных программ и SIM-карт, элитные рестораны, магазины с широкой сетью филиалов, издательско-полиграфические комплексы, рекламные и дизайнерские агентства, образовательные учреждения и т. д. Причем, эти компании зарекомендовали себя не только в Узбекистане, но и за рубежом. Некоторые из них стали национальными или региональными представителями крупных международных брендов, а некоторые сами превращаются в крупные бренды.

2. Персоналии

◎ ЕМ АЛЕКСАНДР ВИССАРИОНОВИЧ[1]

Родился 6 августа 1985 года в городе Ангрен. В 2008 году

---

1) Автобиография.

закончил Ташкентский университет информационных технологий.

В 2011 году создал совместно с Каном Виталием Викторовичем компанию Vivat Mebel по производству мебели. В 2015 году была открыта служба доставки Samurai Sushi. В 2016 году наладили изготовление и доставку Dayako Chicken (курица по южнокорейскому рецепту).

В 2018 г. открыл пивной паб в южнокорейском стиле Dayako Chicken Pub на 70 посадочных мест.

Женат, двое детей.

◎ КАН ВЯЧЕСЛАВ ЮРЬЕВИЧ[2]

Родился 2 сентября 1976 года. Окончил (с отличием) факультет русского языка и литературы Ташкентского государственного университета в 1998 году. Работал учителем английского языка в школе (1998-2005). В 2004 году Вячеслав запускает веб-сайт www.torg.uz – это

---

2) Автобиография.

доска объявлений, где каждый может продать, купить, найти услуги, работу, бесплатно размещая объявления или просматривая объявления других пользователей. Проект быстро набрал популярность, став одним из самых посещаемых сайтов в Узбекистане. В 2005, 2007 и 2009 годах, Torg.Uz занимал 1 место в сфере «Лучший вебсайт в сфере интернет сервисов» в интернет фестивале национального домена UZ. Сейчас Torg.Uz работает под именем olx.uz под управлением международной компании Naspers – мирового лидера в сфере электронной коммерции.

В 2017 году В. Ю. Кан открыл Центр развития и профессиональной ориентации MyWay, основанный на учебной программе, которая применяется в Москве. ООО «MyWay Proforientation» (это официальное название центра MyWay) стал официальным Региональным представителем Центра тестирования «Гуманитарные технологии» МГУ (Россия). MyWay сотрудничает с Министерством образования.

Женат, трое детей.

В 2015 году создал Клуб корейцев предпринимателей Koryoin, который является подразделением Ассоциации корейских культурных Центров. Также является председателем Яккасарайского корейского культурного центра.

◎ КИМ ВИТАЛИЙ ГЕННАДЬЕВИЧ[3]

Родился 17 мая 1981 г. в г. Самарканде. Окончил бакалавриат (2002) и магистратуру (2004) Ташкентского государственного технического университета им. Беруни по специальности «промышленный и инновационный менеджмент».

Работал техником в «Узбекгеофизика» (2004-2008), инженером в «Узбекнефтегаз» (2008-2014), ведущим специалистом Отдела экономики, инвестиций и маркетинга в образовании в Центре развития высшего, средне-специального и профессионального образования (2015-2018), главным специалистом в Управлении «Маркетинг и внешнеэкономическая деятельность» и Главном управлении «Перспективное развитие отрасли» АО «Узкимёсаноат».

Директор «Geo Dynamical System Ltd» (с 2015 г.). Основатель «Geotech GROUP» куда входит 5 компаний по проведению исследований, полевым (геолого-геофизическим) работам, транспортному обеспечению, обустройству и сервису в нефтегазовой промышленности на территории Узбекистана. По итогам 2013 года, доля рынка «Geotech

---

3) Справка с места работы.

GROUP» в Узбекистане составляла – 6%, а по итогам 2018 года – более 41%.

Член Народно-демократической партии Узбекистана.

Депутат Совета народных депутатов Кибрайского района Ташкентской области РУз (с 2018 г.).

Председатель ассоциации корейских культурных центров Ташкентской области.

Награждён медалью "25 лет Конституции Республики Узбекистан".

Женат, 4 детей.

◎ КОГАЙ ЕВГЕНИЙ АНАТОЛЬЕВИЧ[4]

Родился 7 ноября 1975 года в г. Ташкенте.

В 1998 году закончил Ташкентский электротехнический институт связи по специальности «инженер многоканальной электросвязи».

В 2000 – 2001 годах работал в территориальном производственном объединении междугородной связи, радио и телевидения на должности инженера.

В настоящее время – директор по информационным

---

4) Автобиография.

технологиям в лидирующей в Узбекистане телекоммуникационной сотовой компании ООО «Юнител» (торговая марка Билайн).

◎ ЛИ ВАДИМ ГЕННАДЬЕВИЧ[5]

Родился 28 ноября1969 года в г. Караганде (Казахстан). Окончил Санкт – Петербургский электротехнический университет имени В.И Ленина по специальности «инженер-системотехник».

С 1993 по 2006 года работал инженером-программистом, начальником отдела АСУ Ангренского городского унитарного предприятия «Иссиклик Манбаи» (Теплосеть). С 2006 г. по настоящее время – Директор компании «QUVVAT» Ltd.

Член Клуба предпринимателей корейцев Узбекистана «KOROYIN» (с 2016 г.). Член Либерально-демократической партии Узбекистана (УзЛиДеП, с 2017 г.), председатель Ангренского городского Совета УзЛиДеП (с 2017 г.).

Депутат Ангренского городского Совета народных депутатов.

Женат, двое детей.

---

5) Справка с места работы.

◎ ЛИ ИГОРЬ ГЕННАДЬЕВИЧ[6]

Родился 30 января 1982 года в г. Ангрен. Окончил бакалавриат (2003) и магистратуру (2005) Ташкентского государственного технического университета по специальности «управление техническими системами».

Работал инженером-программистом в «QUVVAT Ltd.» (2005-2008).

Директор «VADES GROUP Ltd» (с 2008 г.). Компания предоставляет широкий перечень продуктов и услуг (пластиковых карт, mobile-ID, рекламы, полиграфии и т. д.), она – единственный производитель микропроцессорных карт в Центральной Азии.

Член Либерально-демократической партии Узбекистана. Председатель Молодёжного центра при Ассоциации корейских культурных центров Узбекистана (с 2018 г.).

Женат, трое детей.

---

6) Автобиография.

◎ ПАК ДМИТРИЙ ГЕННАДЬЕВИЧ[7]

Родился в 1979 г. в г. Фергана. Окончил Ферганский политехнический институт (1999).

Трудовая деятельность:

1999-2005 гг. Инженер-технолог, начальник участка Ферганского производственного объединения «Азот».

2005-2008 гг. Начальник цеха централизованного ремонта оборудования открытого акционерного общества «Farg'onaazot».

2008-2014 гг. Главный механик открытого АО «Farg'onaazot».

2014-2015 гг. Главный инженер АО «Farg'onaazot».

2015-2017 гг. Директор по производству акционерного общества «Farg'onaazot», первый заместитель председателя правления АО «Farg'onaazot».

2017 г. по н.в. Первый заместитель председателя правления АО «Узкимёсаноат» (Узхимпром).

---

7) http://uzkimyosanoat.uz/ru/company/management/pak-dmitriy-gennadevich

Глава 3

Корейцы в науке и образовании

1. Историческая справка

В СССР корейцы составляли внушительную прослойку практически во всех областях науки и образования. В результате коммерциализации общественного сознания происходит отток корейцев из этих областей, все меньше корейцев работает по полученным специальностям, сократилось число корейцев, стремящихся к науке. Тем не менее, среди молодых корейцев можно найти людей, кто сделал выбор в пользу науки и образования.

Есть некоторые особенности корейцев в науке и образовании в постсоветское время.

Во-первых, советские ученые в абсолютном своем большинстве оканчивали советские высшие учебные заведения, редко бывали за границей (особенно представители общественно-гуманитарных дисциплин) и редко публиковались за рубежом. Нынешнее поколение молодых корейских ученых зачастую имеет зарубежное образование (Корея, США, Западная Европа и т. д.), часто выступает на международных конференциях по всему миру, публикуется в зарубежных журналах, участвует в международных грантовых проектах, преподаёт и ведёт научную деятельность за рубежом.

Во-вторых, среди представителей общественно-гуманитарных наук наблюдается ярко выраженное желание заниматься корееведением и прежде всего вопросами истории и культуры самих коре сарам. Уже защищены две кандидатские диссертации (PhD), одна – в Узбекистане, другая – в Корее; на подходе еще несколько, опубликовано значительное количество статей по этому направлению, организуются конференции.

2. Персоналии

◎ КИМ ВИКТОРИЯ ВАДИМОВНА[1]

Родилась 22 ноября 1982 года в г. Ташкенте.

---

1) CV.

Окончила с отличием Ташкентский государственный институт востоковедения в сфере международных экономических отношений (1999–2003).

Окончила магистратуру Университета Джонса Хопкинса, Школа продвинутых международных отношений САЙС (США) – М.А. в сфере международных отношений (2006-2007).

Окончила магистратуру Болтонского университета (Великобритания) / Пекинского Университет международных отношений (КНР) – М.А. в сфере международной мультимедийной журналистики (2013-2014).

Дополнительное образование:

Университет Буэнос-Айреса / Школа фотографии Мотивартэ. Международные сертификаты в сферах фотографии, кинематографии, телевидения и цифрового аудио-визуального продюссирования (2010-2012).

Университет Буэнос-Айреса, Факультет философии и литературы. Международные сертификаты по испанскому языку и литературоведению (2010-2011).

Флорентийская международная киношкола Новое Возрождение. Международный сертификат по технике кинопроизводства (2008)

Узбекско-Японский Центр развития людских ресурсов (Японское Агентство по международному сотрудничеству). Международный сертификат в сфере делового администрирования (специализация: управление персоналом) – Ташкент (2004-2005)

Опыт работы:

Всемирный банк, Сектор развития человеческого потенциала (2013).

Всемирный банк, Департамент Юго-Восточной Азии (2012).

Всемирный банк, Управление по оценке Глобального экологического фонда (2009).

Центр изучения Восточной Азии, Университет Джонса Хопкинса САЙС, США (приглашенный исследователь с октября 2008 по февраль 2009 г.; научный сотрудник с мая 2007 по июнь 2008 года).

Немецкое Агентство по развитию ГТЦ, Ташкентский офис (исследователь / переводчик с июня 2004 по август 2005 года)

Министерство внешних экономических связей, инвестиций и торговли Узбекистана (старший сотрудник с сентября 2002 по август 2005 года).

Публикации:

- Обзор по северокорейскому ядерному кризису в ежегоднике за 2006 год, публикуемом Американо-корейским институтом Университета Джонса Хопкинса САЙС (http://uskoreainstitute.org/academics/sais-us-korea-yearbook/2006-

yearbook/2006-us-dprk-relations/overview-north-korean-nuclear-crisis-by-viktoriya-kim/)

- "Корея, США и Центральная Азия: отдаленные партнеры в глобализирующемся мире" (соавтор д-р Кент Э. Кальдер), 19-я академическая серия Корейского экономического института, 2008 г.

- (http://www.keia.org/publication/global-partnership-through-resource-diplomacy-korea-united-states-and-central-asia)

- "Утраченные и обретенные в Узбекистане: корейская история", (https://koreanstory.atavist.com), также опубликована в газете «Diplomat» в июне 2016-го года.

- Made in North Korea: Graphics from Everyday Life in the DPRK (https://koryogroup.com/blog)

◎ КИМ СВЕТЛАНА ЮРЬЕВНА[2]

Родилась 3 марта 1989 года.

Образование:

Обучалась на факультете английской филологии в Национальном университете Узбекистана (2007-2008). Окончила бакалавриат Университет Карла и Франца г. Грац, Австрия (2009-2013) и магистратуру Венского университета

---

2) CV.

(2013-2015). Тема магистерской диссертации: «Влияние миграционного опыта на русскоязычную литературу корейцев в Центральной Азии и России». В настоящее время докторант факультета славистики и социологии Венского университета. Тема диссертации «Аккультурация, культура и язык постсоветских корейцев в Южной Корее, Германии и Австрии».

Выступала с докладами на международных конференциях (Австрия, Казахстан, Россия, Узбекистан, Чехия, Южная Корея).

Профессиональная квалификация:

С 06/2016 Менеджер по международным научным стипендиям Oead, Австрийский Фонд научных стипендий при Министерстве науки, исследований и образования Австрии, Вена.

04/2016 – 05/2016 Научный сотрудник Центра социологических исследований, Вена.

10/2014 – 01/2016 Менеджер по Европейским финансовым программам. Венский университет, Исследовательский научный центр химии и микробиологии, Вена.

04/2014 – 09/2014 Менеджер по международным научным программам. Университет естественных наук Boku, Центр международных отношений, Вена.

03/2011 – 03/2014 Менеджер по международным проектам. Карл-Францен Университет, Центр российских, евразийских и восточных исследований «REES», г. Грац.

10/2012–11/2012 Переводчик юридической фирмы «Ланский и Ганцгер», Вена.

Научные публикации:

A New Korean village next to Moscow. Dossier on Europe et Régionalisme. Nouvelle Europe Journal. 20. March, 2018. http:// nouvelle-europe.eu/en/new-korean-village-next-moscow.

A Korean Pilgrimage to the Russian Far East. Dossier on Collective Memory in Europe. Nouvelle Europe Journal, 4. November, 2017. http://nouvelle-europe.eu/en/korean-pilgrimage-russianfar-east.

Аккультурация этнических корейцев (Koryo Saram) в Австрии и Германии // Сборник материалов научно-практической конференция «80 лет на узбекской земле», посвященной 80-летию проживания корейцев в Узбекистане (16 ноября 2017 г., Ташкент). – Ташкент, 2017. – С. 7.

Миграция этнических корейцев в Южную Корею // Сборник материалов международного симпозиума, посвященного 80-летней годовщине принудительного переселения корейцев с Дальнего Востока в Центральную Азию (15 – 17 сентября 2017 г., Владивосток – Уссурийск).

1937 год: русскоязычные корейцы – прошлое, настоящее и будущее. 1937년 고려인-과거, 현재, 미래. – Москва-Владивосток-Уссурийск, 2018. – С. 482-496.

How European Can Be a Post-Soviet Korean? Dossier on

Nationalism and National Indifference in Contemporary Europe. Nouvelle Europe Journal, 22. April, 2017. Http://nouvelleeurope. eu/en/how-european-can-be-post-soviet-korean.

The Koryo Saram in Uzbekistan as a Gateway for South Korean Diplomacy: Adopting a "Homeless" Diaspora. Reckel, j. (ed.), Korean Diaspora. Göttingen. (co-author Andreas Pacher, to be published).

The Two Koreas and the Post-Soviet Korean Minority: an Emergent Role for the "Koryo-Saram" as a Diasporic Actor. (Co-author Andreas Pacher, publication submitted).

Die suche nach der identität und verlorenen heimat. Akademikerverlag, Saarbrücken, 2015.

Основатель сообщества "Корейцы из СНГ в Австрии" (Вена, 2011).

◎ ЛИГАЙ РУСЛАН ЕФИМОВИЧ[3]

Родился 2 марта 1973 года в г Душанбе. Окончил Сибирский государственный медицинский университет в г. Томске (Россия).

Доктор медицинских наук. Главный научный сотрудник отделения хирургии пищевода и

желудка Республиканского специализированного научно практического медицинского центра хирургии имени академика В.Вахидова. Участник 35 конференций, автор 65 статей. Обладатель патентов на изобретение.

◎ МАГАЙ ЕЛЕНА БОРИСОВНА[4]

Родилась 28 августа 1973 года в г. Чирчике. Окончила Национальный Университет Узбекистана (1999). Кандидат биологических наук (Институт микробиологии Академии наук Узбекистана, 2006).

Post Doc

2011-2014 – Институт ядерной энергии (Тэджон, Корея)

2007-2011 – Институт биологических наук и биотехнологии (Тэджон, Корея).

Старший научный сотрудник лаборатории почвенных микроорганизмов Института микробиологии Академии наук Узбекистана. Доцент кафедры «Биотехнология» химико-технологического института.

Член редакционной коллегии журнала «Микробиология & Вирусология», Казахстан (с 2015).

---

4) CV.

Зам. председателя биологической секции Научно-технического общества «Тинбо» при Ассоциации корейских культурных центров Узбекистана.

Награждения

2013 – Номинант Международной Энциклопедии Marquis Who's Who in the World (КТО есть КТО в МИРЕ). 30th Pearl Anniversary Edition of Who's Who in the World.

2013 – Лауреат Премии "Smart Sister", Korean Women Scientists and Engineers, Сеул, Корея.

2003 – Лауреат Премии "Uzbekiston Fanlar Akademiaci", Ташкент, Узбекистан.

◎ НАГАЙ АЛЕКСАНДР ВИССАРИОНОВИЧ[5]

Родился 24 ноября 1984 года в г. Ташкенте. Окончил бакалавриат (2006) и магистратуру (2008) биологического факультета Национального университета Узбекистана. Кандидат биологических наук, доцент.

2008	Младший научный сотрудник лаборатории «Артериальная гипертензия», Республиканский Специализированный Центр Кардиологии
2009 - 2012	Аспирант Лаборатория геномики человека, Институт генетики Академии наук Узьекистана.
2012 - 2013	Заведующий лабораторией биохимии, клиника эстетической хирургии.
2014 - 2015	Клинический генетик лаборатории «Артериальная гипертензия», Республиканский Специализированный Центр Кардиологии.
2015 – по настоящее время	Клинический генетик Лаборатории молекулярной генетики, начальник отдела, Республиканский Специализированный Центр Кардиологии.

5) CV.

◎ ПАК ВАЛЕРИЙ ВИКТОРОВИЧ[6]

Окончил Московский институт тонкой химической технологии (1981-1987). Кандидат технических наук (органическая химия) – Институт химии растительных веществ Академии наук Узбекистана (2001), приглашенный исследователь (Korea Food Research Institute, Post-Doc, 2003-2008).

Заведующий лабораторией, "Tegen Group, Ltd", старший научный сотрудник Института химии растительных веществ.

Автор более 60 научных публикаций.

Редактор, «Journal of Ethnic Food» (Корея).

Генеральный секретарь Федерации традиционного таэквон-до Узбекистана

- Мастер, черный пояс 7 Дан

- Международный инструктор

- Судья международной категории

Участие в корейском движении: Заместитель председателя, председатель Научно-технического общества «Тинбо» при Ассоциации корейских культурных центров Узбекистана.

---

6) CV.

Награждения и информация в справочниках:

Marquis "Who's Who in the World", 2010-2017.

"Albert Nelson Marquis Lifetime Achievement Award", 2017-2019.

◎ ПАК ЛЮДМИЛА ВЯЧЕСЛАВОВНА[7]

Родилась 17 ноября 1982 года в г. Бекабаде. Окончила бакалавриат (2001-2005) и магистратуру (2005-2007) Ташкентского государственного педагогического университета им. Низами по специальности «История», а также аспирантуру Института истории Академии наук Узбекистана по специальности «Этнография, этнология и антропология» (2008 – 2010).

Младший аучный сотрудник Национального центра археологии АН РУз. Участвовала в проектах Института истории: "Традиции и инновации в обрядовой культуре национальных диаспор современного Узбекистана (на материалах Ташкента)" (2009-2011), "Школы зарубежной этнологии и современная узбекская этнология" (2011-2012), "Этноэкология в Узбекистане" (2017-2018).

---

7) CV.

Обладатель грант «Gerda Henkel Foundation» (Германия, 2011), CARTY (США, 2013-2015). В 2011-2013 гг. принимала участие в Летней школе «ReSet» (Алматы).

Публикации:

К изучению традиционной свадебной обрядности (на примере корейцев Ташкента) // Ozbekiston tarixi. № 1, 2010. С. 61-69.

Роль категорий пространства и времени в традиционной свадебной обрядности (на примере корейцев Узбекистана) // Ozbekiston tarixi. № 3, 2011. С. 87-96.

Динамика развития методов в изучении культурной антропологии на современном этапе // Историческая наука в контексте интеллектуального развития Центральной Азии. Т.: «Yangi nashr», 2014. С. 64-70.

К изучению семантики свадебной обрядности корейцев Узбекистана // Корееведение Казахстана. Вып. № 2. Алматы, 2013. С. 197-206.

Символика и бинарность цвета в свадебной обрядности (на примере корейцев Узбекистана) // Корееведение Казахстана. Вып. № 3, 2015. С. 291-297.

Символика чисел в культуре корейцев Узбекистана (на примере свадебной обрядности) // Вестник МИЦАИ. Международный институт центральноазиатских исследований. Вып.21. Самарканд, 2015. С. 88-102.

◎ ТЕН МИХАИЛ ДИМИТРИЕВИЧ[8)]

Родился 10 июня 1984 года в Ташкентской области. Окончил Национальный университет Узбекистана по специальности «Социология».

Кандидат исторических наук (Институт истории Академии наук Узбекистана, 2011). Тема диссертации: «Формирование, развитие и трансформация этнокультурной идентичности корейцев Узбекистана».

Участник ряда международных конференций (Беларусь, Казахстан, Кыргызстан, Россия, Швейцария).

Публикации:

1. Проблемы национальной идентификации // Известия корееведения в Центральной Азии. – Алматы, 2007. № 5 (13). С. 295-305.

2. Проблема национальной идентификации корейской молодежи в Узбекистане // Корейская диаспора в ретро-перспективе: Материалы международной конференции 13-15 июля 2007. – Алматы, 2007. С. 186-189.

3. Сохранение культуры, как фактор национальной идентификации корейской молодежи в Узбекистане //

---

8) CV.

Студенческий форум корееведов: Материалы молодежной конференции. – Ташкент, 2007. С.16-29.

4. Особенности менталитета корейских студентов и проблемы национальной идентификации // XXI асрда ижтимоий-сиёсий жараёнлар: Сборник материалов научно-исследовательской конференции молодых ученых 23 мая 2008. – Ташкент, 2008. С. 231-234.

5. Трудовая миграция корейцев Узбекистана в Республику Корея // Общественное мнение. Права человека. – Ташкент, 2008. № 3. С. 39-44.

6. Проблема этнокультурной идентичности корё сарам в ракурсе трудовой миграции корейцев Узбекистана // Центральная Азия и корейская диаспора: Материалы 9-ой международной конференции по корееведению 1-2 июля 2009. – Бишкек, 2009. С. 222-229.

7. Globalization for Languages of Ethnic Minorities (on Materials of Koreans of Central Asia) // Abstracts of International Conference on Central Asia and Globalization, July 13-14. – Bishkek, 2009. P. 103-105.

8. Из истории формирования в России этнокультурной общности «корё сарам» // Общественные науки в Узбекистане. – Ташкент, 2009. № 2. С. 81-87.

9. Трудовая миграция корейцев Узбекистана в Республику Корея // Известия корееведения в Центральной Азии. – Алматы, 2009. № 8 (16). С. 61-77.

10. Последствия депортации корейцев из Дальнего Востока России в Узбекистан (1937-1938 гг.) // Известия корееведения в Центральной Азии. – Алматы, 2010. № 9 (17). С. 82-90.

11. Языковой вопрос корейцев Узбекистана // Этнос и культура: традиционность и современность: Материалы V Республиканской научной конференции. – Ташкент, 2010. С. 164-172.

12. К вопросу о причинах депортации корейцев из Дальнего Востока России в Узбекистан в 1937-1938 гг. // O'zbekiston tarixi. – Ташкент, 2010. № 3. С. 74-81.

13. Биографический метод в устной истории. Воспоминания о Хван Ман Гыме // Устная история в Узбекистане: теория и практика: Сборник материалов конференции. – Ташкент, 2011. С. 245-256.

14. Особенности личных взаимоотношений корейцев Узбекистана с корейцами Республики Корея в трудовых коллективах // Актуальные вопросы востоковедения: проблемы и перспективы: Уссурийск, 2011. С. 240- 253.

15. К вопросу об изменении материальной культуры корейцев Узбекистана // O'zbekiston tarixi. Вып. 1. – Ташкент, 2013. С. 84-91.

16. Современная этнокультурная идентичность корейцев Узбекистана (по данным социологического исследования). Ташкент, 2013. 124 стр.

В настоящее время проживает в г. Новосибирск (Россия).

◎ ХАН ОЛЬГА ВАЛЕРЬЕВНА[9)]

Родилась 13 сентября 1988 г. в г. Ташкенте. Ее дедушка – известный ученый и один из основателей корейского движения в СССР, Сергей Михайлович Хан. Отец – известный ученый, специалист по истории и культуре коре сарам Валерий Сергеевич Хан.

Окончила философский факультет Национального университета Узбекистана имени Мирзо Улугбека (2006-2010).

Обучалась на курсах корейского языка университета Сонкюнгван (2012-2013), университета ТЭГУ (2013-2014).

Окончила магистратуру кафедры режиссуры кино университета Чунг-Анг (2014-2017). По окончании поступила в докторантуру кафедры истории и теории кино того же университета, которую окончила в 2020 г. В настоящее время пишет диссертацию на соискние ученой степени PhD.

Увлекается литературным творчеством. Ее повести опубликованы в Узбекистане в литературных сборниках клуба «Ариран 1937», газете «Корё синмун» (2011, 2013) и альманахе «Ариран 1937» (2018).

---

9) CV.

Сняла три короткометражных художественных фильма.

Публикации:

Категория бытия в философии Парменида // Общественно-политические процессы в 21-м веке. Т. 1. Материалы научной конференции молодых ученых (23 мая 2008 г.). Ташкент: Изд-во НУУЗ, 2008. С. 157-159.

К проблеме понимания объективной и субъективной реальности // Философия, наука, образование. Т. 2. 2-я Республиканская научная конференция (15 мая 2010 г.). Ташкент: Noshir, 2010. С. 398-401.

Image of Woman in Uzbek Soviet Cinema // Society, Gender and Family in Central Asia. №3, 2020.

Superbride, or a little about Modern Uzbek Cinema // The Journal of Central Asian Studies. Vol. 26/27, 2020.

«Раскрепощение женщины Востока» в 1920-е годы: идеология, практика и кинематограф // Вестник антропологии. №4, 2021.

◎ ХЕГАЙ АЛЕСИЯ АНДРЕЕВНА[10]

Родилась 25 июля 1988 года в г. Ташкенте. Обучалась в музыкальной школе № 4 (г. Ташкент) по классу скрипки (1998-2003). Окончила бакалавриат (2005-2009) и магистратуру (2009-2011) отделения корейского языка и литературы

---

10) Автобиография.

Ташкентского государственного педагогического университета им. Низами по специальности «корейский язык».

Окончила докторантуру университета г. Конджу, Республики Корея (2011-2015). Защитила докторскую диссертацию (PhD) на тему «조명회 시 연구 고려인 시문학에서의 활동과 그 유전성을 중심으로» (2015).

Работа:

2010-2011 гг. Переводчик корейской компании Daily Group Plus Co, Ltd. (г. Ташкент).

2012-2013 гг. Переводчик и координатор в офисе Dream House университета 공주대학교 (Корея).

2014-2015 гг. Корреспондент корейской газеты «Коре Синмун» (г. Ташкент).

2016-2017 гг. Преподаватель английского языка, учебный центр «YBM Education - Seoul English Village Suyu Camp English Village» (Сеул, Корея).

Владеет русским, узбекским, английским, корейским и шведским языками.

Замужем, в настоящее время живет с супругом в Швеции.

◎ ЦОЙ АЛЕКСЕЙ ОЛЕГОВИЧ[11)

Родился 17 августа 1980 года. Высшее медицинское образование.

Кандидат медицинских наук. Младший научный сотрудник отделения хирургии пищевода и желудка Республиканского специализированного научно-практического медицинского центра хирургии имени академика В. Вахидова.

Участвовал на 15 научных конференций. Автор 13 статей. Обладатель патентов на изобретения.

◎ ЦОЙ МАРИЯ АЛЕКСАНДРОВНА[12)

Родилась 18 ноября 1989 года. Окончила бакалавриат (2007-2014) и ординатуру (2015-2017) Ташкентского педиатрического медицинского института.

Врач-рентгенолог Республиканского специализированного научно-практического медицинского центра

---

11) Автобиография.
12) CV.

хирургии имени академика В. Вахидова.

Научные интересы:

- Fusion ПЭТ-КТ в диагностике больных раком желудка;

- МРТ-спектроскопия, трактография в диагностике больных боковым амиотрофическим склерозом.

◎ ЮГАЙ ИГОРЬ АЛЕКСАНДРОВИЧ[13)]

Родился в 1974 году. Нейрохирург, кандидат медицинских наук, старший научный сотрудник, доцент кафедры Ташкентского института усовершенствования врачей.

Ординатор Республиканского специализированного

---

13) CV.

научно-практического медицинского центра нейрохирургии.

Автор более 50 научных работ и около 15 патентов и авторских свидетельств. Выступал с докладами на зарубежных конгрессах и семинарах (Малайзия, Южная Корея, Австрия, Италия, Россия, Казахстан).

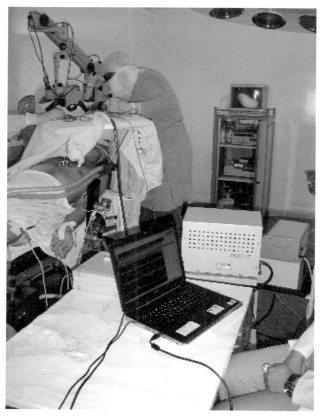

Глава 4

Корейцы в литературе и средствах массовой информации

1. Историческая справка

Литературное творчество молодых корейских писателей и поэтов Узбекистана в годы независимости отличает следующие особенности.

Во-первых, это полностью русскоязычная литература. В настоящее время в Узбекистане нет писателей и поэтов, пишущих на корейском языке.

Во-вторых, это непрофессиональная литература. Никто из ныне пишущих молодых авторов не заканчивал литературные институты и никто из них не зарабатывает на жизнь литературным творчеством.

В-третьих, если старшее поколение корейских литераторов в своем творчестве ориентировалось на классические жанры и стилистику (традиционные корейские или русско-советские образцы), то молодое поколение склонно экспериментировать.

В-четвертых, в отличие от советских корейцев старшего поколения, в творчестве молодых исчезают ностальгия по утраченной родине и идеология.

2. Персоналии

◎ АН ТАТЬЯНА [1)]

Родилась в 1979 году в Ташкентской области. Окончила факультет романо-германской филологии Ферганского государственного университета. Воспитатель-дефектолог детского сада.

Занимается фотожурналистикой.

Лауреат I и II Конкурса молодых корейских поэтов и писателей Узбекистана.

---

1) II Конкурс молодых корейских поэтов и писателей Узбекистана (2013). – Т., 2013; Ариран-37. Литературно-художественный альманах газеты «Корё синмун». – Т.: Baktria Press, 2017.

Публикации:

Я именем твоим дышу. Стихи // Конкурс молодых корейских поэтов и писателей Узбекистана (2009-2010). Ташкент, 2010. С. 66-67.

Стихи // II Конкурс молодых корейских поэтов и писателей Узбекистана (2013). Ташкент, 2013. С. 12.

Отблески ушедших судеб // II Конкурс молодых корейских поэтов и писателей Узбекистана (2013). Ташкент, 2013. С. 58-81.

Стихи. Проза // Ариран-37. Литературно-художественный альманах газеты «Корё синмун». Ташкент: Baktria Press, 2017. С. 17-53.

◎ АН СЕРГЕЙ АЛКСЕЕВИЧ (Псевдоним Андрей Хьюз)[2]

Родился 22 июня 1987 года. Окончил Ташкентский университет информационных технологий (2008). Работает в сфере веб-технологий.

Автор романа «Шереметьево – Амстердам», серии повестей и рассказов. Победитель конкурса молодых сценаристов Узбекистана.

Публикации:

---

2) II Конкурс молодых корейских поэтов и писателей Узбекистана (2013).

Шереметьево – Амстердам (главы из романа) // Ариран-37. Литературно-художественный альманах газеты «Корё синмун». Ташкент: Baktria Press, 2017. С. 60-97.

◎ ЗИНИНА-ЦОЙ ЛЮДМИЛА[3]

Родилась в 1984 году в г. Намангане. Окончила бакалавриат и магистратуру факультета информатики Наманганского инженерно-педагогического института.

Преподаватель кафедры информатики и информационных технологий Наманганского инженерного института.

Лауреат юношеского конкурса «Литературные надежды 21-го века» под эгидой Союза писателей Узбекистана. Лауреат I и II Конкурсов молодых корейских поэтов и писателей Узбекистана (2010, 2013).

Публикации:

Автор поэтического сборника «Для каждой любящей души» (2002).

Афсон. Повесть. Наманган, 2013.

Стихи // Конкурс молодых корейских поэтов и писателей

---

3) Ариран-37. Литературно-художественный альманах газеты «Корё синмун». – Т.: Baktria Press, 2017.

Узбекистана (2009-2010). Ташкент, 2010. С. 64-65.

Стихи // II Конкурс молодых корейских поэтов и писателей Узбекистана (2013). Ташкент, 2013. С. 13-15.

Поэтический сборник «Отзвуки пхансори». Ташкент, 2014.

Стихи // Ариран-37. Литературно-художественный альманах газеты «Корё синмун». Ташкент: Baktria Press, 2017. С. 8-16.

◎ ЛИ ЕЛЕНА[4]

Родилась 2 октября 1988 года в Ташкентской области. Окончила Университет мировой экономики и дипломатии.

Публикации:

Стихи // II Конкурс молодых корейских поэтов и писателей Узбекистана (2013). Ташкент, 2013. С. 24-25.

Не хочу быть русалкой. Роман-фэнтэзи // Ариран-37. Литературно-художественный альманах газеты «Корё синмун». Ташкент: Baktria Press, 2017. С. 194-216.

---

4) II Конкурс молодых корейских поэтов и писателей Узбекистана (2013). – Т., 2013.

◎ ТЕН МИХАИЛ ДИМИТРИЕВИЧ[5]

Родился 10 июня 1984 года в Ташкентской области. Окончил Национальный университет Узбекистана по специальности «Социология». Кандидат исторических наук (Институт истории Академии наук Узбекистана, 2011). Тема диссертации: «Формирование, развитие и трансформация этнокультурной идентичности корейцев Узбекистана».

Участник ряда международных конференций (Беларусь, Казахстан, Кыргызстан, Россия, Швейцария).

Лауреат I и II Конкурсов молодых корейских поэтов и писателей Узбекистана (2010, 2013).

Публикации:

Я осколок битого стакана. Стихи // Конкурс молодых корейских поэтов и писателей Узбекистана (2009-2010). Ташкент, 2010. С. 68-69.

Стихи // II Конкурс молодых корейских поэтов и писателей Узбекистана (2013). Ташкент, 2013. С. 20-21.

Стихи // Ариран-37. Литературно-художественный альманах газеты «Корё синмун». Ташкент: Baktria Press, 2017. С. 54-56.

---

5) Ариран-37. Литературно-художественный альманах газеты «Корё синмун». – Т.: Baktria Press, 2017.

◎ ХАН ОЛЬГА ВАЛЕРЬЕВНА[6]

Родилась 13 сентября 1988 г., в г. Ташкенте.

С детства увлекалась рисованием. После школы окончила Республиканский художественный колледж им. Бенькова (2003-2006), специальность – художник кино и телевидения. Окончила философский факультет Национального университета Узбекистана имени Мирзо Улугбека (2006-2010).

Окончила магистратуру кафедры режиссуры кино университета Чунг-Анг (2014-2017). По окончании поступила в докторантуру кафедры истории и теории кино того же университета, которую окончила в 2020 г. В настоящее время пишет диссертацию на соискние ученой степени PhD.

Создала ряд фильмов, где выступила как режиссер и сценарист.

В 2009-2010 гг. сняла любительский полнометражный фильм «Любовь. Мечта. Надежда?». Позже снимает короткометражный фильм «Беспечный ангел» с участием Вячеслава Цзю, актера международно признанного театра «Ильхом».

---

6) CV.

Обучаясь в университете Чунг-Анг, снимает короткометражный фильм «Корабль мечты» (2014). Фильм прошел отборочные туры международного фестиваля «Кинофестиваль пяти континентов» (Италия, 2015) и Республиканского фестиваля молодых кинематографистов Узбекистана «PROlogue» (2015). В 2016 году на этом же фестивале победила в номинации «За лучшую режиссуру» с фильмом «Корабли пустыни».

С 15 лет увлекается литературным творчеством. В 2004-2005 гг. сразу пишет три повести, две из которых опубликованы. Лауреат I-го Конкурса молодых корейских поэтов и писателей Узбекистана (2010).

Публикации:

Странные происшествия // Конкурс молодых корейских поэтов и писателей Узбекистана (2010). Ташкент, 2010. С. 51-60.

Избранная // Ариран-37. Литературно-художественный альманах газеты «Корё синмун». Ташкент: Baktria Press, 2017. С. 98-115.

◎ ХЕГАЙ АЛЕСИЯ АНДРЕЕВНА[7]

Родилась 25 июля 1988 года в г. Ташкенте. Обучалась в музыкальной школе № 4 (г. Ташкент) по классу скрипки (1998 - 2003). Окончила бакалавриат (2005 - 2009) и

---

7) Автобиография.

магистратуру (2009 – 2011) отделения корейского языка и литературы Ташкентского государственного педагогического университета по специальности «корейский язык».

Окончила докторантуру университета г. Конджу, Республики Корея (2011–2015). Защитила докторскую диссертацию (PhD) на тему « 조명희 시 연구 고려인 시문학에서의 활동과 그 유전성을 중심으로» (2015).

Лауреат II Конкурса молодых корейских поэтов и писателей Узбекистана (2013).

Замужем, в настоящее время живет с супругом в Швеции.

Публикации:

Стихи // II Конкурс молодых корейских поэтов и писателей Узбекистана (2013). Ташкент, 2013. С. 16-17.

Глава 5
Корейцы - художники

1. Историческая справка

В советский период появилась целая плеяда корейских художников (более сотни), большая часть из которых (включая самых знаменитых) приходится на Узбекистан. Часть из них получили звания «Народный художник», «Заслуженный художник», «Заслуженный деятель искусств», стали академиками Академий художеств республик СССР, награждены орденами и медалями СССР и других стран, включая Республику Корею.

В постсоветский период количество корейских художников сократилось. Главная причина – экономическая ситуация. Некоторые художники стали делать копии известных картин и продавать их в местах скопления туристов, а некоторые – рисовать портреты туристов за небольшие деньги. Есть случаи, когда известные художники уехали в Корею на заработки – чернорабочими. И конечно же, местные жители удивлялись, когда эти чернорабочие открывали школы рисования для детей и поражали своим мастерством.

Несмотря на то, что количество корейцев-художников резко сократилось, среди молодежи по-прежнему есть талантливые художники.

2. Персоналии

◎ КИМ ВИКТОРИЯ ЭДУАРДОВНА

Родилась в 1990 году в г. Ташкенте. Окончила Республиканский колледж им. Ходжаева, Национальный институт художеств и дизайна им. К. Бехзода.

2013 – Выставки, посвященные международному женскому дню, «Навруз», Дворец творчества молодежи, Ташкент.

2014 – «Сценомагия», Галерея изобразительного искусства

Из серии «Клеопатра»

Узбекистана, Ташкент; «Молодежная выставка», Центральный выставочный зал Академии художеств Узбекистана, Ташкент; Участие в проекте «Лекции об искусстве», организатор – Институт им. Гете, Ташкентский Дом фотографии.

Участник волонтерского движения «Афишка».

2017 – Ретроспективная выставка корейских художников Узбекистана «Память 1937-2017», Центральный выставочный зал Академии художеств Узбекистана.

◎ КИМ ДАРЬЯ АНАТОЛЬЕВНА[1]

Родилась в 1998 году в г. Ташкенте. С детства увлеклась рисованием. Посещала Арт-Студию «NTLekt» (2001-2004), Арт-Студию «Колибри» (2004-2011). Окончила Национальный художественный колледж им. П. Бенькова по специальности «живопись» (2013-2016). В настоящее время студентка Национального института художеств и дизайна им. К. Бехзода (специальность «живопись»).

Выставки, награды, конкурсы:

2005 – Лауреат художественной выставки рисунков на темы народных сказок стран ШОСС (Шанхай, Китай).

2005 – Победитель конкурса «Никто не забыт, ничто не забыто» в номинации «Лучшие живописные работы» (Москва, Россия).

2006, 2007, 2011 – Победитель конкурсов новогодних открыток Росзарубежцентра (Москва, Россия).

2008 – Персональная выставка «Куражинки» в Галерее изобразительных искусств Национального банка Узбекистана (Ташкент, Узбекистан).

---

1) Автобиография.

2008 – Лауреат международного конкурса «Подводные фантазии» (Донецк, Украина).

2009 – Победитель художественного конкурса «Мой город Ташкент» (Ташкент, Узбекистан).

2009 – Лауреат Фестиваля детской и юношеской моды «Болажонларширинтойлар» (Ташкент, Узбекистан).

2015 Участие в выставке в рамках ежегодной недели искусств, Международный Караван-Сарай культуры Икуо

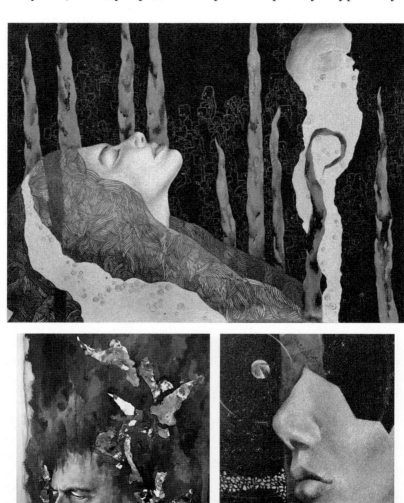

Хираямы (Ташкент, Узбекистан).

2015 – Серебряная медаль от Академии художеств Узбекистана (Ташкент, Узбекистан).

2016 – Участие в выставке «Весенний вернисаж» (Ташкент, Узбекистан).

2017 – Korea - Uzbekistan fine art exchange exhibition, Дом Фотографии (Ташкент, Узбекистан).

2017 – Участие в ретроспективной выставке корейских художников Узбекистана «Память», Центральный выставочный зал Узбекистана (Ташкент, Узбекистан).

2018 – Participation in World Korean Grand Art Festival (Сеул, Корея).

◎ КИМ МИХАИЛ ГЕОРГИЕВИЧ

Родился в 1993 году в г. Ташкенте. Окончил Ташкентский архитектурно-строительный институт.

2015 – Участие в монтаже проекта скульптора Цадока Бен-Давида «Другая сторона полуночи», Галерея изобразительного искусства Узбекистана, Ташкент.

2017 – Ретроспективная выставка корейских художников Узбекистана «Память 1937-2017», Центральный выставочный зал Академии художеств Узбекистана.

Паук

Концепт-кар и дорога

◎ ЛИ НАДЕЖДА ЛЕОНИДОВНА[2)]

Родилась 14 февраля 1990 года в Ташкентской области. Окончила Республиканский колледж им. Ходжаева (2006-2009, отделение керамики), Национальный институт художеств и дизайна им. К. Бехзода (2014-2018).

2015 – «Стенамагия», Ташкентский Дом фотографии.

2016 – Фестиваль «Street Art Battle», Промзона, Ташкент.

2017 – Фестиваль изобразительного и прикладного искусства Узбекистана «Весенний вернисаж», ретроспективная выставка корейских художников

Вектор пути (2017)

---

2) Автобиография.

Узбекистана «Память 1937-2017», Центральный выставочный зал Академии художеств Узбекистана.

2018 – World Korean Grand Art Festival "Where is our home?", Сеул (Республика Корея).

2018 – Выставка «Весенний вернисаж», Выставка «Навруз», Центральный выставочный зал Академии художеств Узбекистана.

2018 – Фестиваль современного искусство "URBAN FEST" направления Street Art. Ташкент

◎ ЛИГАЙ ДМИТРИЙ[3]

Родился в 1986 году в г. Ташкенте. Окончил Ташкентский архитектурно-строительный институт по специальности "Дизайн". Во время учебы начал работать как художник иллюстратор в местных изданиях. С 2009 г. сотрудничает с московским иллюстраторским агентством Bang!Bang! Studio. Более 10 лет работает как художник иллюстратор и сотрудничает с иностранными агентствами и компаниями.

Персональный сайт: http://dmitryligay.com/

---

3) http://dmitryligay.com/

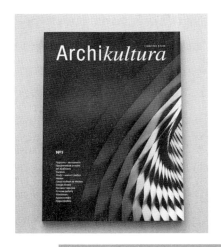

◎ ПАК ЕВГЕНИЙ НИКОЛАЕВИЧ[4)]

Родился в 1979 году в г. Ташкент. С 1994 по 1998 гг. учился в Художественном училище им. П.П. Бенькова (Ташкент) на отделении дизайна. С 1998 г. участвует в региональных и международных выставках. В 2002-2005 гг. работал в Институте искусств и дизайна им. К. Бекзода. С 2006 г. – член Организации молодых художников Узбекистана.

Работает преимущественно в различных техниках (офорт, литография, монотипия и смешанных техниках) на бумаге. Занимается также искусством тату и боди-арт.

Выставки

1998 – Персональная выставка в отеле ТАТА

2004 – Персональная выставка в театре Ильхом

2007 – Выставка Печатной графики г. Алматы

2008 – Галерея Изобразительного Искусства Узбекистана

2008 – Линц, Австрия

2008 – "Навкирон Узбекистон" г.Ташкент

---

4) http://dotart.info/ru/Evgen-pak;http://www.neizvestniy-geniy.ru/users/27553.html

Личинка

Натюрморт с фруктами

◎ ТЮГАЙ ЛАРИСА[5]

Родилась 21 марта 1974 г. в г. Алмалык. Окончила Республиканское художественное училище им. П. П. Бенькова, отделение станковой живописи (1989-1994). С 2003 г. по 2015 г. работала в г. Алматы. Профиль: настенные росписи, копии, портреты,

декоративные работы, дизайн помещений, тату. С 2015 г. работает в салонах красоты в г. Ташкент и г. Алмалык.

5) Автобиография.

Глава 6

Корейцы в сценическом искусстве

1. Историческая справка

По сравнению с другими видами деятельности, в советский период корейцы мало были представлены в сценическом искусстве: один танцовщик в балете – В. Егай, один профессиональный коллектив в «Узгосфилармонии» – ансамбль «Чен-Чун» и т. д. Корейцы не были представлены в опере, театре, кино. В основном (за исключением нескольких человек) корейское сценическое искусство развивалось как самодеятельное, на базе «корейских» колхозов.

После распада СССР формы присутствия корейцев в различных видах сценического искусства становятся более

Тюгай Лариса

разнообразными. Исполнители и руководители художественных коллективов уже имеют профессиональную подготовку, опыт зарубежных стажировок, участвуют в зарубежных конкурсах, работают на профессиональной аппаратуре.

Большей частью репертуара молодых исполнителей по-прежнему остается корейское искусство. Но если в советский период это было северокорейское искусство, то сегодня это южнокорейское искусство. Как и во многих странах Азии K-POP стал образцом для подражания, что лишает местных исполнителей своего творческого лица.

2. Персоналии

◎ КИМ АРТЕМ[1]

Родился в г. Бекабаде в 1976 г. Окончил Государственную консерваторию Узбекистана по специальности "композиция".

С 1999 г. – музыкальный руководитель всемирно известного театра Марка Вайля «Ильхом».

С 2004 г. – организатор и художественный руководитель ансамбля Omnibus.

Произведения Артёма Кима исполнялись ансамблями: Antidogma Ensemble (Италия), Barbican Trio (Великобритания), Nieuw Ensemble, Atlas Ensemble, Nederlands Vocaal Laboratorium и Arnold Marinissen (Нидерланды), АСМ (Россия). Его сочинения вошли в репертуар таких известных солистов, как: Nicholas Isherwood (Франция), Yuan Sha (Китай) и др.

Участие в проектах:

– 5 международная Летняя школа современной академической музыки в Дармштадте (Германия, 2010)

---

1) http://omnibus-ensemble.asia/index.php?Itemid=289&id=87&option=com_content&view=article; http://ilkhom.com

– Ежегодная Церемония вручения наград Фонда Принца Клауса, Амстердам (Нидерланды, 2009 г.)

– Omnibus Laboratorium I-V1(Узбекистан, 2005-2010)

Участие в международных фестивалях:

– Huddersfield Contemporary Music Festival (Великобритания, 2010)

– Atlas Academy (Нидерланды, 2010)

– Call the young ensembles (Германия, 2010)

– Black Box I-V (Узбекистан, 2006-10)

– Наурыз-XXI (Казахстан, 2008)

– Ильхом-XX (Узбекистан, 1999-2005)

– Gaudeamus Music Week (Нидерланды)

– International Jew's Harp Festival (Нидерланды)

– Kameroperafestival (Нидерланды)

– Voix Nouvelles (Франция)

– 38eme Rugissants (Франция)

– Antidogma Festival (Италия)

– Mozart Festival (Австрия)

– Ruhr Theater Festival (Германия)

– Asia Pacific Festival (Новая Зеландия)

– Музыка друзей (Россия) и др.

◎ ЛИ АЛЕКСАНДРА МАРКОВНА

Родилась 25 августа 1994 года в г. Ташкенте. С 4-х до 9 лет занималась в детской эстрадной студии «Аладдин».

В 2007 году закончила школу искусств № 3 по классу фортепиано. С 6 до 12 лет вела детские передачи на узбекском телевидении: «ДО-МИ-СОЛЬ шоу», «Одаренные дети», «Лего Лэнд».

Обучалась в Республиканском музыкальном академическом лицее им. Успенского (2009-2012, Ташкент), университете Рисеба на факультете аудиовизуального медиа-искусства (2013, г. Рига), университете Тэген на факультетах продюсирования и искусствоведения (2014-2018, Корея). В настоящее время магистрант Корейского национального Университета искусств (Korea national university of arts).

С 5-ти лет принимала участие во многих республиканских и международных конкурсах:

1999 – Республиканский конкурс детской песни "Юлдузча" (2-е место и номинация "Мисс очаровашка")

2000 – Республиканский конкурс "Юлдузча XXI века" (3-е место)

2002 – Конкурс корейской песни"Звезда души моей" (3-е место)

2002 – Республиканский конкурс "Звездный дождь" (Гран – при)

2002 – Международный конкурс "Мини-мисс Центральной Азии", Кыргызстан (1-е место)

2002 – Всероссийский конкурс "Звездная волна" (Лауреат 1-й премии) г. Геленджик, Россия.

2003 – Фестиваль «Узбекистан - наш общий дом» (Номинация "Лучшая юная исполнительница"), г. Ташкент.

200 – Участница концерта, посвященного 140-летию переселения корейцев в Россию, г. Москва, Россия.

2004 – Участница от Узбекистана телевизионного музыкального фестиваля "Чин Чин", г. Теджон, Корея.

2006 – Международный конкурс "Золотой соловей" (1-е место), г. Москва, Россия.

2006 – Конкурс корейской песни телекомпании KBS (Лауреат 1-й премии).

2006 – Участница Гала-концерта фестиваля молодых исполнителей в г. Сочи

"5 ЗВЕЗД", дуэт с Русланой – победительницей Евровидения, Россия.

2006 – Победитель в номинации "Звезда года", Узбекистан.

2008 – Международный конкурс для иностранцев (2-е место), г. Боренг, Корея.

2009 – Обладатель Гран-при суперфинала конкурса «Золотой соловей», г. Москва, Россия.

2010 – Обладатель Гран-при конкурса-марафона «Одаренные дети», г. Ташкент, Узбекистан.

2010 – 2-жды участница популярной телевизионной передачи «StarKing» телекомпании SBS, Корея.

2011 – в составе делегации от Министерства культуры Узбекистана представляла страну на международном Форуме «New Altay creative Network», Корея

2012 – Лауреат Республиканского конкурса среди музыкальных лицеев – 2-е место.

2012 – Лауреат фестиваля «Узбекистан – наш общий дом».

2013 – Лауреат 1-й премии в номинации «Авторская песня» (Песня о Ташкенте) конкурса «Рижская симфония», г. Рига

2017 – главная героиня документального фильма «Сашин Ариранг», посвященного 80-летию проживания корейцев в Узбекистане, снятого телекомпаний KBS (Корея) и НАЭСМИ (Узбекистан).

2018 – одна из главных героинь мюзикла «Arirang scandal» фестиваля в г. Мирянг, Корея

Пишет стихи и музыку. Владеет английским и корейским языками. Блогер на YouTube.

◎ ЛИ АНАСТАСИЯ АЛЕКСАНДРОВНА[2]

Родилась 6 августа 1997 года. 7 августа 2003 года пришла в студию корейского танца "Тиндалле", при ансамбле "Корё". В 2006 году стала участницей ансамбля "Корё".

Студентка 3-го курса факультета дефектологии Центрально-Азиатского университета (г. Алматы, Казахстан).

В настоящее время является солисткой ансамбля "Корё".

---

2) Автобиография.

◎ ЛИ НАТАЛЬЯ[3]

Родилась 24 мая 1992 г. в г. Ташкенте. Окончила Студию драматического искусства театра Марка Вайля «Ильхом» в 2012 году.

Актриса театра «Ильхом» с 2011 года. Работает заведующим труппой театра.

---

3) http://ilkhom.com/li-natalya-2/

◎ ПАК РУСЛАН[4]

Родился в 1981 году. Окончил Ташкентский государственный педагогический университет.

В 2006 году поступил в высшую школу кинематографии при Корейском национальном университете искусств в Сеуле и в том же году его короткометражный фильм «Один выстрел» был включен в секцию «Студенческий талант» на 57-м международном кинофестивале в Берлине. Окончил магистратуру

Обсуждение фильма «Ханаан» со зрителями на фестивале в Локарно. Руслан Пак, режиссер и Станислав Тян, герой фильма в центре. 2011 г.

4) https://koryo-saram.ru/tag/ruslan-pak/;https://koryo-saram.ru/hanaan-ruslana-paka/ ; http://arirang.ru/news/2011/11047.htm

Корейского национального университета искусств (Сеул).

Кинорежиссер, автор фильма "Ханаан" (о наркоторговле в Узбекистане), получивший широкую известность на кинофестивалях Европы, Америки и Китая. Фильм получил Гран-при за лучший зарубежный фильм среди молодых талантов на 14-м Кинофестивале Тайбэя (2012, Тайвань). Кинофильм «Ханаан» был включен в программу конкурсного показа на кинофестивале AFI FEST в 2011 году, который проходит в Голливуде и проводится Американским институтом киноискусства (АИК)

Автор фильма "Денис Тен" (о корейском фигуристе из Казахстана) специально созданный к Олимпийским играм-2018 в Пхёнчхане, показ которого прошел на телеканале KBS-2 6 и 12 февраля 2018 г.

◎ ПАК ЮРИЙ[5)]

Родился 28 декабря 1994 года в Узбекистане. С 2014 г. работает в модельном агентстве Esteem Entertainment (Корея). Учится в колледже международных отношений в Korea University.

Хобби: фотография, рисование, профессиональный

---

5) https://vk.com/albums-136361783; http://www.yesasia.ru/article/269204

пловец, играет на саксофоне, гитаре, барабанах.

◎ ТЕН ИГОРЬ[6]

Родился в 1997 году в городе Ташкент, в семье музыкантов. Учился в Республиканском специализированном музыкальном академическом лицее им В. И. Успенского по классу скрипки. В подростковом возрасте стал увлекаться джазовой музыкой, и заканчивает лицей Игорь уже по классу саксофона. В 16 лет организует с однокурсниками инструментальный коллектив «Choyxona Jazz».

---

6) Интервью

В 2014 году поступает в Российскую академию музыки им. Гнесиных по классу саксофона в Москве. Вместе с С. Турсуновым и Г. Тигай которые также стали студентами «Гнесинки», организовывает «Under Influence». «Under Influence» собирает свой круг слушателей на лучших джазовых площадках Москвы. На сегодняшний день Игорь выпускает в составе «Under Influence» музыкальные альбомы, сотрудничает с известными популярными исполнителями России, а так же является официальным участником группы «Tesla Boy».

Лауреат 3 степени 7-го Международного фестиваля – конкурса «Окно в Европу», г. Санкт – Петербург, Россия, 2012.

Лауреат 2 степени «Гнесин джаз», г. Москва, Россия, 2013.

Лауреат 3 степени «Мир джаза 2018», г. Ростов на Дону, Россия, 2018.

◎ СИДЫКОВА-ХАН НАРГИЗА ЮНУСОВНА[7]

Родилась 12 ноября 1984 года в Ташкенте в семье известной исполнительницы корейских танцев и руководителя танцевального ансамбля «Корё» Хан Маргариты. Работала моделью в известных агентствах мира – Elite Milan, MD

---

7) Интервью

Hamburg, Starz Hong Kong и др.

Снималась в рекламных компаниях для «Coca-Cola», «Schwarzkopf», "Oriflame" и др.

Создала собственное модельное агентство «NN-models», модельную школу «Nana Han»

Является известным фэшн фотографом в Узбекистане.

◎ ХАН ОЛЬГА ВАЛЕРЬЕВНА

Родилась 13 сентября 1988 г., в г. Ташкенте.

С детства увлекалась рисованием. Участник международных конкурсов детского рисунка (1999, 2001, 2002, 2003, 2004), в том числе организованных Южной Кореей. Ее творчество освещалось в газетах Узбекистана «Солнышко» и «Класс!» (2000). После школы окончила Республиканский художественный колледж им. Бенькова (2003-2006), специальность – художник кино и телевидения.

Окончила философский факультет Национального университета Узбекистана имени Мирзо Улугбека (2006-2010).

Обучалась на курсах корейского языка университета Сонкюнгван (2012-2013), университета ТЭГУ (2013-2014). В

2013 г. выиграла грант на обучение по программе NIEED. Окончила магистратуру кафедры режиссуры кино университета Чунг-Анг (2014-2017). По окончании поступила в докторантуру кафедры истории и теории кино того же университета (2017 г.), который окончила в 2020 г.

Увлекается литературным творчеством. Ее повести опубликованы в Узбекистане в литературных сборниках клуба «Ариран 1937», газете «Корё синмун» (2011, 2013) и альманахе «Ариран 1937» (2018).

В 2009-2010 г. снимает любительский полнометражный фильм «Любовь. Мечта. Надежда?». Позже снимает короткометражный фильм «Беспечный ангел» с участием

Постер к фильму «Корабль мечты»

Постер к фильму «Ветер перемен»

Постер к фильму «Корабли пустыни»

Вячеслава Цзю, актера международно признанного театра «Ильхом».

Обучаясь в университете Чунг-Анг, снимает короткометражный фильм «Корабль мечты» (2014). Фильм прошел отборочные туры международного фестиваля «Кинофестиваль пяти континентов» (Италия, 2015) и Республиканского фестиваля молодых кинематографистов Узбекистана «PROlogue» (2015). В 2016 году на этом же фестивале победила в номинации «За лучшую режиссуру» с фильмом «Корабли пустыни».

◎ ЦЗЮ ВЯЧЕСЛАВ[8]

Родился в 1976 году. Актер известного экспериментального театра «Ильхом». Режиссер.

8) https://koryo-saram.ru/vyacheslavu-tszyu-40-let/

Глава 7

Корейцы в спорте

1. Историческая справка

В наши дни общее количество корейцев, занимающихся спортом, а тем более вошедших в спорт больших достижений, значительно снизилось. По сравнению с советским периодом, уровень занятия молодежью спортом в годы независимости упал.

Раньше, во всех школах, домах культуры, дворцах пионеров существовало огромное количество спортивных кружков по разным направлениям. Спортивные общества, министерство образования, проводили самые различные спортивные соревнования. Культивировался здоровый образ жизни. По экономическим и иным причинам кружки стали закрываться, на соревнования не хватало средств, талантливая молодежь и тренеры стремилась уехать туда, где созданы более лучшие условия для занятия спортом, прежде всего в Россию. В подростковой среде стал культивироваться образ «красивой» жизни: деньги, ночные клубы, алкоголь, наркотики, секс и т. д.

Если говорить о корейцах, то если раньше они были представлены практически во всех видах спорта, то сейчас мы наблюдаем ярко выраженный крен в пользу «корейских» видов спорта, прежде всего таэквондо.

2. Персоналии

◎ КИМ ДАНИИЛ[1]

Родился в 2003 году. Учится в Ташкентской средней школе № 166, 9-А класс.

Обладатель 30 медалей (22 золотых, 2 серебряных и 6 бронзовых медалей.

Чемпион Ташкента среди юниоров (2017)

Чемпион Открытого чемпионата мира на Fudjairax Open (2017, ОАЭ)

---

1) Корё синмун, 29 декабря 2018 г.

Чемпион Открытого международного чемпионата (2017, Казахстан)

Бронзовый призер Международного чемпионата стран Азии (2017, Вьетнам)

Бронзовый призер чемпионата мира (2017, Египет).

Бронзовый призер чемпионата Узбекистана (2018)

Член сборной Узбекистана по таэквондо.

◎ КИМ ЮРИЙ ВЛАДИМИРОВИЧ

Родился 9 февраля 2003 года в г. Ташкенте. С 2015 года занимается таэквондо (ИТФ).

Достижения:

– 3 место по спаррингам, Кубок Узбекистана (Карши, 2016)

– 2 место по спаррингам, Открытый международный турнир по таэквондо WTTF (Астана, Казахстан, 2016)

– 2 место по спаррингам, Kazakhstan open tournament (Алматы, 2017)

– 1 место по тылям, Кубок Независимости (Карши, 2017)

– 2 место по спаррингам, Кубок Мира (Минск, Беларусь, 2017)

– 1 место по спаррингам, Кубок Узбекистана (Самарканд, 2017)

– 1 место по тылям, Турнир в честь Шевкета Ваниева (Ташкент, 2017)

– 1 место по спаррингам, Открытый чемпионат г. Ташкента (2018)

– 1 место по спаррингам, Кубок Независимости (Андижан, 2018)

– 2 место, Открытое первенство Детской юношеской спортивной школы № 1 Мирабадского района г. Ташкента (2018)

– 1 место по спаррингам среди юниоров, Кубок мира (Минск, Беларусь, 2018)

– 3 место по тылям среди юниоров, Кубок мира (Минск, Беларусь, 2018)

– Лучший спортсмен 2018 года, Команды «Pride».

◎ ЛИ ДМИТРИЙ РОМАНОВИЧ[2]

Образование высшее. Начал свою трудовую деятельность в области обеспечения системы народного образования, после этого работал в сфере машиностроения и металлургии, занимая различные руководящие позиции. Директор Национального агентства проектного управления при Президенте Республики Узбекистан.

С июня 2018 года – Президент Федерации шахмат Узбекистана.

---

2) https://uzreport.news/sports/dmitriy-li-izbran-predsedatelem-federatsii-shahmat-uzbekistana

Д. М. Ли и Президент Международной федерации шахмат (ФИДЕ)
Кирсан Илюмжинов

◎ ПАК ВАЛЕРИЙ ВИКТОРОВИЧ[3]

Генеральный секретарь Федерации традиционного таэквондо Узбекистана.

Родился 3 ноября 1963 года в Калининском районе г. Ташкента. Кандидат технических наук.

В 1978 года начал заниматься восточными единоборствами. В

---

3) Автобиография.

1990 г. один из первых получил черный пояс 1-го Дана по таэквондо и был один из первых, кто пропагандировал таэквондо (ИТФ) в Узбекистане.

В 2010 г. стал генеральным секретарем Федерации традиционного таэквондо Узбекистана. Организовывал участие национальной сборной на чемпионатах мира, Азии, Кубках мира и других международных турнирах. За время своей деятельности провел аттестацию на черные пояса более 150 спортсменов. Подготовил книгу о развитии таэквондо в Узбекистане.

Генеральный секретарь Федерации Традиционного Таэквон-до Узбекистана.

Мастер, черный пояс 7 Дан по таэквондо (ИТФ). Международный инструктор. Судья международной категории.

◎ ХЕГАЙ АЛЕКСАНДР АЛЕКСАНДРОВИЧ[4]

Родился 24 июня 1996 года в г. Ангрен Ташкентской области. В 2014 году окончил с отличием Колледж компьютерных технологий. В 2016 году поступил в Узбекский государственный университет физической культуры и спорта.

С раннего детства занимается таэквондо ИТФ и хапкидо КХФ. Обладатель черного пояса 4 Дана по таэквондо ИТФ и хапкидо КХФ.

---

4) Автобиография.

– Чемпион мира 2010 года (Чхонджу, Республика Корея).

– 5-кратный чемпион Азии.

– Многократный чемпион Республики Узбекистан и обладатель Кубка Узбекистана по таэквон-до ИТФ.

– Многократный чемпион Республики Узбекистан и обладатель Кубка Узбекистана по хапкидо КХФ.

◎ ХЕГАЙ АЛЕКСАНДР МИХАЙЛОВИЧ[5]

Главный тренер Федерации традиционного таэквондо Узбекистана.

Родился 2 октября 1965 года в г. Нукусе ККАССР. В 1990 году окончил Ташкентский государственный медицинский институт по специальности "лечебное дело". С 1990 года и по настоящее время трудится в Центральной городской больнице врачом-кардиологом г. Ангрена. Имеет высшую категорию.

С детства активно занимается спортом. В школьные годы тренировался в секции бокса. Был победителем районных, областных и республиканских соревнований по боксу. Далее увлекся каратэ, которым прозанимался более 10 лет.

---

5) Автобиография.

Главный тренер Федерации традиционного таэквондо Узбекистана

Затем пришёл в таэквондо ИТФ (International Taekwondo Federation), где достиг степени Мастера 7 дана.

В дальнейшем увлекся хапкидо КХФ (Korean Hapkido Federation), где также достиг мастерской степени.

Подготовил много учеников, из которых 4 чемпиона мира, 4 чемпиона Кубка Европы, 12 чемпионов Азии по таэквондо ИТФ.

Подготовил свыше 100 обладателей чёрных поясов по таэквондо ИТФ и 30 обладателей чёрных поясов по хапкидо.

◎ ХЕГАЙ ГАЛИНА АЛЕКСАНДРОВНА[6)]

Родилась 12 марта 1995 года в г. Ангрен Ташкентской области. В 2014 году окончила с отличием Колледж компьютерных технологий. В 2018 году окончила с отличием Ташкентской государственный институт востоковедения

---

6) Автобиография.

по специальности "корейская филология". Окончила магистратуру.

С раннего детства занимается таэквондо ИТФ и хапкидо КХФ. Обладатель черного пояса 4 дана по таэквондо ИТФ и хапкидо КХФ.

- Абсолютный чемпион мира 2010 года (чемпион мира по спаррингу и чемпион мира по выполнению формальных упражнений), Чхонджу, Республика Корея,

– 5-кратный чемпион Азии.

– Многократный чемпион Республики Узбекистан и обладатель Кубка Узбекистана по таэквондо ИТФ

– Многократный чемпион Республики Узбекистан и

обладатель Кубка Узбекистана по хапкидо КХФ.

◎ ХЕГАЙ ЮЛИЯ АЛЕКСАНДРОВНА[7)]

Родилась 11 сентября 2004 года в г. Ташкенте. Ученица в школе № 257. С детства занимается шахматами. Член юниорской сборной Узбекистана.

Чемпионаты Узбекистана

2011 – Чемпионат Узбекистана (среди девочек до 8 лет – 2 место).

---

7) Справка

2012 – Чемпионат Узбекистана (среди девочек до 10 лет – 1 место).

2013 – Чемпионат Узбекистана (среди девочек до 10 лет – 2 место).

2014 – Чемпионат Узбекистана (среди девочек до 10 лет – 1 место).

2015 – Чемпионат Узбекистана (среди девочек до 12 лет – 1 место).

2016 – Чемпионат Узбекистана (среди девочек до 12 лет – 1 место).

2016 – Звание кандидата в мастера спорта.

2017 – Чемпионат Узбекистана (до 13 лет: стандарт – 1 место, рапид – 1 место).

2017 – Чемпионат Узбекистана (до 14 лет – 1 место).

2018 – Чемпионат Узбекистана (до 14 лет: стандарт – 2 место, блиц – 1 место).

Международные соревнования

(Словения, ОАЭ, Греция, Грузия, Россия, Южная Корея, Узбекистан, Китай, Таиланд, Малайзия)

2012 – Чемпионат мира, Словения (среди детей до 8 лет – 6 место).

2016 – Malaysian Chess Festival: среди девочек до 12 лет, рапид (1 место), игра за первой доской (2 место).

2017 – Чемпионат Азии, Китай (среди школьников до 13

лет: стандарт – 2 место, рапид – 3 место, блиц – 2 место).

2017 г. – звание WCM (международный кандидат в мастера среди женщин).

2017 г. – Кубок Михаила Ботвинника, Россия (до 14 лет – 3 место).

2018 г. – Чемпионат Азии, Таиланд (до 14 лет: блиц – 5 место).

2018 г. – Чемпионат Западной Азии, Узбекистан (до 14 лет: стандарт – 3 место, рапид – 3 место, блиц – 3 место).

Чемпионат Узбекистана до 13 лет

Глава 8

Корейцы - лидеры и активисты корейского движения

1. Персоналии

◎ КАН ВЯЧЕСЛАВ ЮРЬЕВИЧ

Родился 2 сентября 1976 года.

Окончил (с отличием) факультет русского языка и литературы Ташкентского государственного университета в 1998 году. Работал учителем английского языка в школе (1998-2005). В 2004 году создает веб-сайт www.torg.uz – интернет доску объявлений. В 2005, 2007 и 2009 годах Torg.Uz занимал 1 место в сфере «Лучший

вебсайт в сфере интернет сервисов» в интернет-фестивале национального домена .UZ. Сейчас Torg.Uz работает под именем olx.uz под управлением международной компании Naspers – мирового лидера в сфере электронной коммерции.

В 2017 году открыл Центр развития и профессиональной ориентации «MyWay Proforientation», который стал официальным представителем Центра тестирования «Гуманитарные технологии» МГУ (Россия).

Женат, трое детей.

В 2015 году создал Клуб корейцев предпринимателей Koryoin, который является подразделением Ассоциации корейских культурных Центров. Также является председателем Яккасарайского корейского культурного центра.

◎ КИМ ВИТАЛИЙ ГЕННАДЬЕВИЧ[1]

Родился 17 мая 1981 г. в г. Самарканде. Окончил бакалавриат (2002) и магистратуру (2004) Ташкентского государственного технического университета им. Беруни по специальности «промышленный и инновационный

---

1) Справка с места работы

менеджмент». Работал в «Узбекгеофизика», «Узбекнефтегаз», «Узкимёсаноат», Центре развития высшего, средне-специального и профессионального образования.

Директор «Geo Dynamical System Ltd».

Член Народно-демократической партии Узбекистана. Руководитель первичной партийной организации ХДПУ Кибрайского района.

Депутат Совета народных депутатов Кибрайского района Ташкентской области РУз (с 2018 г.).

Активист корейского движения. Работал председателем корейского культурного центра Юнусабадского района г. Ташкента. С 2018 года – председатель ассоциации корейских культурных центров Ташкентской области.

Награжден медалью "25 лет Конституции Республики Узбекистан".

Женат, 4 детей.

◎ ЛИ ИГОРЬ ГЕННАДЬЕВИЧ[2]

Родился 30 января 1982 года в г. Ангрен. Окончил бакалавриат (2003 г.) и магистратуру (2005 г.) Ташкентского государственного технического университета по специальности

---

2) Справка

«управление техническими системами».

Работал инженером-программистом в «QUVVAT Ltd.» (2005-2008 гг.).

Директор «VADES GROUP Ltd» (с 2008 г.).

Член Либерально-демократической партии Узбекистана.

Деятельность в корейском движении:

2016 – 2018 гг.	Руководитель комитета по общим вопросам Клуба предпринимателей корейцев Узбекистана «Koryoin»
2016 – 2018 гг.	Заместитель председателя корейского культурного центра Мирзо-Улугбекского района г. Ташкента
2018 – по н. в.	Заместитель Координатора Клуба «Koryoin»

Молодежный центр

2018 – по н. в.   Председатель корейского культурного центра Яшнобадского района г. Ташкента

2018 – по н .в.   Председатель Молодёжного центра при Ассоциации корейских культурных центров Узбекистана

Женат, трое детей.

◎ НОГАЙ АЛЕКСАНДР АНАТОЛЬЕВИЧ[3)]

Родился 17 сентября 1973 г. в г. Янгиюль Ташкентской области. Окончил механико-математический факультет Ташкентского государственного университета (1990-1995).

В 1999 г. переехал в Россию, г. Владивосток. Окончил строительный факультет Приморского политехнического техникума (2003-2004).

Работал промышленным альпинистом в Узбекистане, Корее.

С 2006 г. проживает в Корее. В 2012 г. учредил компанию NSC в Корее по внешнему ремонту высотных зданий.

12 декабря на прошедшей в здании Национальной Ассамблеи Учредительной конференции Ассоциации коре

---

3) https://koryo-saram.ru/aleksandr-nogaj-prezident-assotsiatsii-koryo-saram-v-respublike-koreya/

сарам в Республике Корея был избран ее президентом.

Женат, имеет дочь.

◎ ТЮ КОНСТАНТИН ГЕННАДЬЕВИЧ[4]

Родился 1 апреля 1978 года в г. Самарканд. Окончил Ташкентский государственный экономический университет (2000).

1996 – 2005 гг. Менеджер коммерческого отдела Агропромышленной научно-производственной корпорации г. Ташкента

2005 - 2009 гг. Коммерческий директор ООО "ART OF KOUNSTRAKTION"

2009 – 2009 гг. Коммерческий директор ООО "ART PROFIT"

2004 – 2010 гг. ЧП Тю К.Г.

2009 – 2012 гг. Учредитель ООО "PERISHKO GOLD"

2015 – 2018 гг. Учредитель ООО "Profit Sales Distribution"

2018 – по н.в. Учредитель ООО "KRISMARK GROUP"

---

4) CV.

Государственные награды: медаль в честь 25-летия Республики Узбекистан

Активист корейского движения:

2013 – по н.в.	Член Президиума Ассоциации корейских культурных центров Узбекистана (АККЦ Уз)
2015 – 2016 гг.	Председатель ТОО АККЦ Уз
2015 – 2016 гг.	Член Совета АККЦ Уз
2015 – по н.в.	Член Комитета по Объединению Кореи
2017 – по н.в.	Член общества дружбы «Узбекистан – Корея»
2016 – 2018 гг.	Зам. Председателя АККЦ Уз по экономическим вопросам
2017 – 2018 гг.	Президент Объединения Корейских Бизнес клубов стран СНГ

Заключение

С приходом нового Президента Ш. М. Мирзиёева Узбекистан стремится обрести новое лицо и занять новое место в международном сообществе. Бурно развиваются процессы демократизации и либерализации. Для различных этнических групп, в том числе для корейцев, открылись новые возможности. Корейцы снова избираются в высшие

выборные органы власти, занимают высокие должности. При участии правительств Кореи и Узбекистана был построен Дворец корейской культуры и искусств в г. Ташкенте, единственный в своем роде в мире. Ни одна диаспора мира не имеет такого дворца.

Однако за прошедшие годы немало корейцев уехало из

Узбекистана, в том числе – Корею. Здесь образовалась крупная община креинов (почти 100 тыс. человек), большинство из которых выходцы из Узбекистана. 12 декабря 2018 года была создана Ассоциация коре сарам в Корее, которая прошла регистрацию. Возглавил ее Александр Ногай, выходец из Узбекистане. Начинается новая страница корейцев Узбекистана.